現地在住日本人ライターが案内する

近くて美味しい
釜山

KOREA/Busan
Guided by Japanese resident in Busan

今井ゆか　原美和子

JN214726

はじめに

　日本から最も近い海外都市の1つである釜山は、韓国第2の都市ながらも、海と山の自然に恵まれた素晴らしい環境にあることが何よりの魅力でしょう。
　私は釜山に住み20年近くになりますが、この間の釜山の変化には目を見張るものがありました。再開発によって多くの高層ビルの建築が進み、最先端で洗練された雰囲気を持つ地域が増えた半面、古くからの街並みを生かした観光誘致も進むなど、新旧の共存が上手くなされていると言えます。ちょっと海を見たい時、山で緑に癒やされたい時、どちらにもすぐに行ける距離にある釜山に住んでいることに幸せを感じます。

　この5年間、日韓関係の悪化や新型コロナの世界的な感染拡大により日本と韓国を行き来することもままならない日々が続きました。しかし、日韓関係の改善や、新型コロナによる海外渡航の規制が撤廃されたことにより、再び多くの観光客が訪れるようになり、活気が戻ってきました。そんな中で、本書を通じて大好きな街・釜山を紹介できる機会を持てたことを大変光栄に思います。
　制作にあたり、釜山にある多くの店にご協力をいただきましたが、取材の申し出にも快く対応くださったことが「釜山のことをもっと知ってもらいたい」という活力となったことは言うまでもありません。私自身も共著者の今井ゆかさんと釜山のさまざまな場所に足を運び、改めて釜山の良さを感じたり、新たな魅力を発見できたことも多かったです。
　本書が皆さんの釜山の旅のお役に立てたらと思います。

原美和子

CONTENTS

2 はじめに

6 information　基本情報

8 travel tips　旅の便利帳

10 traffic　交通事情

11 culture&manners　文化とマナー

21 南浦洞エリア

22 **Pick up Spot 1**：龍頭山公園

23 **[Column.1]**「映画の街・釜山」はここから始まった

24 富平ヤンコプチャン 2号店

26 南浦ムルフェ

28 The Time Now

30 コヒャンサンチョン

32 **[Column.2]**釜山市民の台所を覗いてみよう！
「国際市場」「富平カントン市場」「チャガルチ市場」

34 草梁1941

36 釜山近現代歴史館

38 Good ol' days

40 巨人トンタッ

41 **[Column.3]**釜山で出会う色の世界

42 MINI BOX

43 西面エリア

44 **Pick up Spot 2**：西面地下商店街

45 **Pick up Spot 3**：田浦カフェ通り

46 松亭3代クッパ

48 MODERN TABLE

50 シゴルパッサン

52 ムセファロ

54 コヒャンマッ

56 ソミョンケグムミルミョン

58 五月生

60 **[Column.4]**ホテルで飲みたい！おすすめドリンク

61 広安里エリア

62	コナッオン
64	SULGOTGAN
66	コギョル
68	Deokmi atelier
70	Sandys
72	イハジョンカンジャンケジャン
74	チャンドク風川サンサムミンムルチャンオ
76	**Pick up Spot 4**：MILLAC THE MARKET
78	**[Column.5]** 季節のイベント in 釜山
	「海雲台砂祭り」「釜山国際映画祭」「広安里花火大会」「海雲台光祭り」
80	**Pick up Spot 5**：五六島スカイウオーク

81 海雲台エリア

82	マリンシティーから海雲台海水浴場まで歩こう
84	KANGAROO POINT
86	**Pick up Spot 6**：THE BAY 101
88	大都食堂
89	巨大カルビ
90	パダマルチョンボクチュク
92	イェイジェカルビ
94	**[Column.6]** 韓国で人気の日本食って？
95	OFF ON
96	若者が集まる海雲台駅周辺を見てみよう
98	AMORE BUSAN
100	ビビビ堂
102	海雲台ブルーラインパーク
104	水月鏡花
106	ミポクッチブ
108	GORILLA BEACH
110	海雲台参鶏湯

111 機張エリア

112	ロッテモール東釜山店
114	ロッテワールドアドベンチャー釜山
115	**Pick up Spot 7**：海東龍宮寺、竹城聖堂、ヨンファリ屋台村
116	CORALANI
118	**[Column.7]** おすすめコスメ5選をチェック！

119 東莱・釜山大エリア

120	**Pick up Spot 8**：釜山大学
121	**Pick up Spot 9**：金剛公園 ケーブルカー
122	ソムンナン30年伝統ソンカルグクス
124	momos coffee 本店
126	【Column.8】釜山で流行を追いかけてみよう！

127 松島・影島・多大浦エリア

128	EL 16.52
130	七岩鰻匠
132	**Pick up Spot 10**：多大浦海水浴場

133 ヒーリング＆ビューティー

134	Choco Busy Nail
135	HTヒーリングタッチケア 西面店
136	SPA LAND
138	シムスパ
139	HILL SPA
140	【Column.9】魅力がたくさん！おすすめショートトリップ 慶州、大邱、巨済島
142	アクセス抜群！おすすめホテル4選

144 Map

144	釜山広域市全体図	150	広安里・海雲台エリア
146	南浦洞エリア		松島・影島・多大浦エリア
148	西面エリア	151	東莱・釜山大エリア
149	大邱市、慶州市、機張エリア	152	釜山都市鉄道路線図

| 154 | おいしい！カワイイがいっぱい 釜山のおすすめお土産 |
| 158 | あとがき |

ＤＡＴＡの見かた

住 住所　**電** 電話番号　**休** 定休日　**営** 営業時間

料 料金　**C** クレジットカード使用（可・不可）

○ Instagram ID　**ア** アクセス

※本書のデータは2024年7月現在のものです。その後、各紹介スポットの
都合により変更される場合がありますので、予めご了承ください。
※掲載されている商品やメニューは本書発売期間中に売り切れる場合が
ありますので、予めご了承ください。
※定休日は元日、旧正月（ソルラル）休み、秋夕（チュソク）休みを除いたものです。
※料金の年齢区分は、韓国では「数え年」の場合があります。
支払い時にご確認ください。

旅行中に情報収集するなら…

韓国観光公社のモバイルアプリ『VISITKOREA』
が便利です。観光や交通、グルメ情報の提供の
ほか、無料通話（Wi-Fi接続時無料）やライブ
チャットも利用できます。

● App Store（iOS）
https://apps.apple.com/us/app/visitkorea-official-guide/
id417340885?platform=iphone

● Google Play（Android）
https://play.google.com/store/apps/details?id=com.
visitkorea.eng

基本情報

☑ 時差

日本と韓国は時差がないため、短い日程でも旅行計画をたてやすいです。

☑ 日本から釜山へ

飛行機とフェリーの2通りがあります（以下、2024年5月現在の情報）。
●飛行機／日本の7主要都市より（※1）、直行便があります。所要時間は関西 - 釜山間で1時間半、成田 - 釜山間で2時間15分程度。最も近いのが福岡で50分程度しかかかりません。

※1 東京（成田のみ、羽田路線なし）、関西、中部国際、新千歳、福岡、那覇、松山。

●フェリー／日本の4路線にて（※2）運航しています。特に福岡路線は、高速船「QUEEN BEETLE」を利用すれば3時間40分で釜山港まで行けます。

※2 大阪（19時間）、福岡、下関（12時間～）、対馬（1時間半）。

☑ 地理

朝鮮半島南東部、韓国第2の都市である釜山は、主要都市の中で最も日本に近い位置にあります。北にあるソウルよりも福岡が近く、距離にして200キロ程度。長崎県の対馬に至っては50キロしかなく、天気の良い日には海岸沿いから肉眼で見えることもあります。

かねてより港湾都市として栄えてきた釜山は、南部地域を中心に大規模な市場が広がり、昔ながらのにぎわいを見せています。また、内陸には金井山（クムジョンサン）や荒嶺山（ファンニョンサン）があり、東莱（トンネ）温泉も有名です。南東部の水営（スヨン）・海雲台（ヘウンデ）は近年開発が入り、高層マンションやホテルが立ち、リゾート地として発展。観光地としてにぎわっています。

☑ ビザ情報

日本国籍のパスポートを所持する人は、90日間以内の短期滞在が許可が適用され、ビザなしでの入国が可能です。なお入国には、本来は電子渡航認証制度「K-ETA」の申請が必要です。

ただし韓国政府は、2024年12月31日まで、日本を含む当該国に対して一時免除措置を実施中。免除期間の満了後は、K-ETAの申請が必要となるため、最新情報を確認しましょう。K-ETAの申請は、飛行機搭乗の72時間前までにネット（http://www.k-eta.go.kr）で行う必要があります。

information

☑ 気候

釜山は、韓国全体でみると温暖で、過ごしやすい都市です。ソウルでは、-10℃以下になることもありますが、釜山では氷点下が続くことはほとんどありません。

釜山にも日本同様に四季があります。春(3～5月)の平均気温は17℃。夏(6月～9月)は、6月後半に梅雨があります。8月の平均気温は26.1℃ですが猛暑日もあり、9月まで台風の影響を受けることも。秋(9～11月)には晴天が続き、紅葉シーズンが到来。冬に(12～3月)なると気温が下がりますが、積雪はほとんどありません。

☑ ベストシーズン

釜山は、1年中ベストシーズンといっても過言ではありません。湿気が高く蒸し暑い夏は、海でバカンスを満喫。過ごしやすい気温の春と秋は、市場巡りや市内散策といった具合に、多様な楽しみ方ができます。

また、このような恵まれた気候のため、一年を通じて花火大会や映画祭など様々なイベントが開催されます。

☑ 祝日・連休

韓国では太陽暦ではなく旧暦(陰暦)で、毎年日付が変わる旧正月(ソルラル)と旧盆の秋夕(チュソク)があり、韓国人にとって重要な年中行事です。この時期になると、故郷への帰省で、高速道路や鉄道の公共交通機関が混み合います。

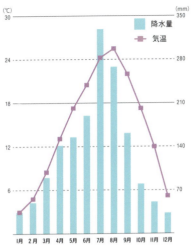

釜山の平均気温と降水量

月	1月	2月	3月	4月	5月	6月	7月	8月	9月	10月	11月	12月
平均気温(℃)	3.6	5.4	9.1	13.7	17.9	21.1	24.4	26.1	22.6	17.9	12.0	5.8
平均降水量(mm)	34.3	49.7	89.6	140.9	154.3	188.4	326.9	266.5	160.5	79.7	50.6	32.9

☑ 言語

共通言語は韓国語です。釜山には標準語とは異なる方言や、慶尚南道特有のなまりもあり、韓国語が分かる方でも慣れないと聞き取れないかもしれません。一方で、歴史的に日本との関わりが深い都市でもあるため、日本語の単語がそのまま通じることも。

また、交通機関では日本語の看板や音声案内がある場合も多いので、便利に利用できます。

Author's Advice

商店や食堂などで、韓国語しか通じないシーンでは、翻訳アプリを活用するのがおすすめです。スマホを見せるだけで通じるので助かります!

旅の便利帳

☑ 通貨

現地通貨は韓国ウォン（₩）です。紙幣は₩5万、₩1万、₩5000、₩1000の4種類があります。硬貨は₩500、₩100、₩50、₩10の4種類。レートは₩100＝約10.87円（2024年9月現在）

☑ 両替

日本と釜山の空港、港で両替できます。ほかに市内の銀行や公認両替所、ホテル、百貨店などでも換金可能です。銀行やホテル、百貨店よりも繁華街など街中にある公認両替所の方が手数料が安くレートが良いという特徴もあります。また、国際キャッシュカードがあれば、銀行やコンビニATMで、自分の口座からウォンで引き出せて便利です。

韓国のキャッシュレス化はかなり進んでいるため、クレジットカードが使えるお店がほとんどです。

> **Author's Advice**
> 釜山旅行の利便性を高めてくれるのが、プリペイドカード「WOWPASS」です。円でチャージしてウォン決済が可能で、電車やバスで使える交通カード「T-Money」の機能もあります。WOWPASSは、金海空港や主要ホテルなどにある無人両替機で買えます。詳しくは公式サイトをチェック（https://www.wowexchange.net/）！

☑ チップ

韓国は日本同様、チップ文化がないため、渡さなくて大丈夫です。ただし、高級ホテルやレストランなどでは、あらかじめサービス料としてチャージされることがほとんどです。

☑ 免税制度

韓国で買い物をすると品物やサービスの代金に10％の付加価値税がチャージされます。「TAX FREE」と表示がある店舗では、この10％分を免税にできます。店によりますが、1店舗につき₩3万以上購入した場合に、手数料を引いた額が返金されるしくみです。最初から10％を差し引いた額で買い物ができる場合もあります。

☑ 電圧とプラグ

韓国で使用されているコンセントは、丸い穴が2つ空いた「SEタイプ」か「Cタイプ」のため、変換アダプターが必要です。また、韓国の標準電圧は220V、60Hz。近年のスマートフォンやパソコン、デジカメは220V対応の製品も多いので、変圧器が不要の場合も少なくありません。

travel tips

☑ 飲み水

韓国の水道水は飲料水として認められていますが、ミネラルウオーターや浄水器の水を飲む人が大半です。水道管の老朽化で水に色がついている場合もありますが、歯磨きやうがい程度の使用なら問題ないでしょう。

☑ インターネット・Wi-Fi

韓国では、屋内でも外でもインターネット環境が普及しています。このため、釜山市でも代表的な観光地や文化施設で無料Wi-Fiを提供。公共のWi-Fiもあります。接続時に「Dynamic Busan」や「Public WiFi Free」を探してみてください。

また、カフェや飲食店でも無料Wi-Fiのサービスがある場合が多く便利です。

- Wi-Fiをレンタルする場合／韓国の主要国際空港には現地通信会社のカウンターがあり、携帯電話やWi-Fiルーターのレンタルが可能です。ただし手早く借りて移動したい方は、空港で手続きをするよりも日本からレンタルしていくことをおすすめします。
- SIMカードを購入する場合／韓国の通信会社に対応したSIMカードを自分のスマホに挿入する方法です。韓国の携帯番号が付与されるため、ローミング料金より安く電話が使えます。SIMカードは空港で買えますが、前もって日本でオンライン購入していく方法も。また、SIMカード抜き差し不要のeSIMもあります。

☑ トイレ事情

空港やデパート、主要観光施設、高級ホテルのトイレは清潔で、不便なく使える場合がほとんどです。ただし、古い建物のトイレは配管が細く、トイレットペーパーを流すと便器が詰まることがあるので、注意が必要です。「紙はゴミ箱に捨ててください（휴지는 쓰레기통에 버려주세요！）」などと注意書きがある場合は便器に捨てないようにしましょう。

Author's Advice
トイレに注意書きがなくても、大きなゴミ箱が便器のそばにある場合は、便器にトイレットペーパーを流さないようにするのが無難です！

☑ 酒・たばこ

韓国では飲酒・喫煙が可能な年齢は満19歳になる年の1月1日から。2015年からは韓国のすべての飲食店が全面禁煙となり、違反者には罰金が科せられるので注意が必要です。決められた喫煙所を利用するようにしましょう。

万が一のときの連絡先

- 観光通訳案内電話1330：
  多言語対応のサービスで24時間利用可能です。
  ※日本語は「3」を選択。
- 警察：112
- 消防・救急：119
- 在大韓民国日本国大使館：
  02-739-7400（領事部）
- 在釜山総領事館：
  051- 465-5101

交通事情　traffic

✅ 空港から市街地へのアクセス

空港から市街地までのアクセス方法は、空港バスや路線バス、タクシー、電車があります。

まず路線バスは一般的かつ経済的な交通手段ですが、車内への中サイズ以上のキャリーケースは持ち込みが制限されているため注意が必要です。このため、空港バス（2029番）がおすすめです。また、タクシー移動も便利で、日本のタクシーより低価格です。例えば、空港から西面（ソミョン）までは約30分で約₩2万〜。そして、交通状況や時間に左右されないのが地下鉄などの鉄道です。

✅ バス・地下鉄

釜山は、バスや地下鉄の路線も張り巡らされており便利です。地下鉄は1〜4号線まであり、主要地域を網羅しています。料金は1区間₩1600、2区間で₩1800です。また、2015年に開通した釜山と機張（キジャン）や蔚山（ウルサン）の郊外を結ぶ東海線もあり、こちらは10kmまでが₩1550、10km以上が₩1750になります。

バスは停車回数が多く時間はかかりますが、ゆっくりと旅を楽しむ余裕があるときは車窓から釜山の風景を楽しめます。大人₩1700と低価格。（※いずれの料金も現金払いの場合）

✅ タクシー

韓国のタクシー料金は、日本に比べると安く、初乗り料金（2km基準）は₩4800です。多くのタクシーはカードでの支払いも可能であり、市街地や観光地ではつかまりやすく便利ですが、郊外や週末、深夜の時間帯などはなかなかつかまらないことも。また、言葉の問題から行き先が伝わらない場合もありますが、その際には、タクシーアプリの利用がおすすめです。

> **Author's Advice**
> カカオタクシーやUber Taxiなどのアプリをスマホに設定しておくと、言葉が通じなくても目的地まで行けて安心です。

✅ レンタカー

釜山でもレンタカー会社は多数ありますが、韓国では日本と反対の右側通行・左ハンドルとなります。また、釜山は韓国全体からみて、運転が荒いことでも有名。韓国の運転ルールを確認し、安全運転を心がけましょう。

万が一のトラブルに備えて大手のレンタカー会社を選ぶと安心です。なお、車を借りる際にはパスポート、国際運転免許証、クレジットカードが必要になります。

> **ここに気をつけて**
> 車を運転する場合は、駐車禁止ゾーンに要注意です。「隣にも車があるから大丈夫」と思って駐車すると、切符を切られることも……。

文化とマナー

culture&manners

☑食事のマナー

　日本のように器を手に取るのではなく、テーブルに置いたまま食べるのが韓国式です。また、大皿や大鍋を複数人で囲む食事が一般的。飲食店では2人前以上から注文できるメニューもあるので、1人の場合はお店選びに気をつけましょう。

Author's Advice
お肉のようにグラムでの注文ではなく、1人前単位でメニューを提供しているお店では、大人1人につき一品注文するようにしましょう。

☑目上の人へのマナー

　古くから儒教文化が根付いている韓国では、年齢による上下関係がはっきりしています。そのため初対面で年齢を確認し合うのは珍しくない光景。日常的に目上の人やお年寄りを敬うことが重要視されています。

　例えば、食事の席で年上の人と一緒にお酒を飲む時には、顔を少し横にむけて口元で手を隠し、相手にお酒を飲んでいる姿が 見えないようにします。

☑治安

　釜山の治安は総体的に安全と言え、安心して旅行をすることができます。しかし、日本とは近くとも海外であることを忘れず、貴重品や所持品の管理、深夜や早朝の1人歩きには注意しましょう。

　また、コピー商品や偽ブランドを扱う一部の店舗や、市場で外国人観光客に対してしつこい客引きや声掛けがあることがあるので注意しましょう。

☑店舗の休業日について

　大型スーパーやデパートはショッピングの強い味方ではありますが、休業日に注意が必要です。大型スーパーは月に2回、第2・第4週の日曜もしくは月曜日に休業日を設けています。デパートについては、地域や店舗によって異なりますが、多くは月に一度、月曜日を休業日と定めています。

　また、ソルラル（旧正月）、チュソク（旧盆）といった連休があります。旧正月、旧盆の当日にデパートやスーパー、1部の飲食店などが休業する場合があるので、この時期に韓国を旅行する際は事前に店舗情報をチェックしてください。

☑写真撮影について

　旅行先では、思い出作りとしての写真撮影も醍醐味ではありますが、注意が必要な場所もあります。

　店舗の場合は多くが撮影OKですが、一部ではNGとしているところもあること、店舗の入り口に写真撮影がOKかNGかを掲示していることが多いので確認しましょう。

　また、空港また港では保安、軍事上の理由から保安検査場、出入国審査場、税関、検疫所といったエリアでの撮影は禁止です。気をつけてください。

韓国第2の都市でありながら、美しい自然の光景を楽しめるのも釜山の魅力だ。

海の街として親しまれている釜山では、新鮮でさまざまな海の幸を味わうことができる。

ちょっとお腹が空いた時に市場や屋台で軽食やスイーツを気軽に楽しめるのもうれしい。

甘川文化村の写真スポット「星の王子様」からは、カラフルな家々を一望できる。

釜山のシンボルでもある広安(クァンアン)大橋と高層ビル群が織りなす美しい夜景。

釜山では1年を通じて四季折々の花を楽しむことができる。

Busan

남포동
Nampo-dong

南浦洞エリア

|MAP/ P146-147|

港町として釜山の発展とともに歩んできた南浦洞(ナンポドン)。
市民に親しまれる市場や若者向けのファッションの店と、新旧の雰囲気が融合したエリアです。
素朴な食堂やおしゃれなカフェも多く、釜山っ子たちの生活を体感できます。

Pick up Spot 1

龍頭山公園
용두산공원
ヨンドゥサンコンウォン

釜山の街に都市と自然の融合を感じる

南浦洞からほど近い小高い丘にある龍頭山公園は、のんびりと散歩を楽しむにも最適なうえ、釜山のシンボルの1つでもある釜山ダイヤモンドタワーからは美しい街並みを望めます。

　かつては釜山市の中心であった南浦洞ですが、現在でも見どころが多く釜山の欠かせない観光スポットです。南浦洞エリアのほぼ中央に位置するのが、龍頭山(ヨンドゥサン)公園。古くから市民の憩いの場として親しまれ、広大な公園内では運動や散策を楽しむ市民の姿が見られ、四季の花々が目を楽しませてくれます。高さ120mの釜山ダイヤモンドタワーからは釜山港をはじめとする釜山市の眺望を360度のパノラマで楽しむことができます。また、昼とは異なった表情を見せる夜景も素敵です。韓国第2の都市でありながら都会的な雰囲気と、海と山の自然にも恵まれた釜山の魅力をたっぷりと感じることができることでしょう。

1.1973年に完成した釜山ダイヤモンドタワー。釜山の観光スポットとして50年以上の人気を誇る。2.龍頭山公園のシンボル花時計と釜山ダイヤモンドタワー。園内では季節の花々を楽しめる。3.展望階から望む釜山市内の眺望。

DATA ▶ MAP/P147-C3

🏠 부산광역시 중구 용두산길 37-30 (37-30, Yongdusan-gil, Jung-gu, Busan, 48950)
☎ 051-601-1800(代) 休 なし ⏰ 10:00～22:00(入場21:30まで) 💰 大人(13歳以上)₩1万2000、子ども及びシニア(3～12歳、65歳以上)₩9000 📷 可 @busantower_official

「映画の街・釜山」はここから始まった

2024年秋で29回目を迎える「釜山国際映画祭(BIFF)」。現在ではアジア最大規模の映画祭として毎年韓国内外から多くの俳優や映画監督、関係者が出席し華やかなムードで盛り上がります。会場は海雲台エリアにある「映画の殿堂」ですが、1995年に映画祭がスタートした当初は、南浦洞にあるこのBIFF広場とその周辺が会場でした。回数を重ねるにつれ映画祭の規模が大きくなり、メイン会場が海雲台に移りました。広場には店舗や屋台が並んでいますが、いつも多くの人でにぎわっています。また、道には多くの映画関係者の手形が刻まれ、日本では北野武のものも。ここが映画祭の始まりの地であった名残を見つけることができます。

1. 1995年にスタートした釜山国際映画祭は当初は南浦洞がメイン会場であった。**2.** 広場は現在では多くの屋台が並び活気とにぎわいを見せる。**3.** BIFF広場の名物は「シアホットク」。人気の屋台で行列になることも。**4.** 広場に刻まれた北野武の手形。

BIFF広場　BIFF광장／ビフクァンジャン

DATA　　　　　　　　　　　　　　　　　　▶ MAP／P146-B4

- 부산광역시 중구 남포길4 (4, Nampo-gil, Jung-gu, Busan, 48953)
- なし　C 一部屋台では不可の場合も　なし

1.
Nampo-dong

富平ヤンコプチャン 2号店

부평양곱창2호점

プピョンヤンコプチャンイホチョム

| MAP/ P146-A3 | **RESTAURANT** |

エリンギやエゴマの葉、春雨などとじっくり煮込んだヤンコプチャンのチョンゴル（中・₩4万5000）

気さくなオーナーの店でディープな釜山を楽しもう！

　釜山市民の台所として活気あふれる富平(プピョン)市場近くにある「富平ヤンコプチャン2号店」。ヤンコプチャンは「牛のホルモン」を指し、釜山の名物料理としても親しまれています。たんぱく質が豊富で滋養や美容にも良いと言われ、塩焼きのほか、たっぷりの野菜と煮込んだ「チョンゴル(煮込み鍋)」や「ヤンニョム(甘辛煮)」とバリエーションに富んだメニューが楽しめます。チョンゴルでは、最後に残り汁とご飯を炒めてチャーハンでシメるのが定番ですが、ごま油の香ばしさと残り汁の味がご飯にしっかりと絡みお腹いっぱいでもついつい食べてしまうほどです。

1. 塩焼きは野菜との相性が抜群。**2.** 甘辛く炒めたヤンニョムもおすすめ(中・₩4万5500)。**3.** 笑顔が素敵なオーナーのソンさん。**4.** 店舗は富平市場の入り口近くに位置する。

DATA

🏠 부산광역시 중구 중구로 29번길 34번지 부평2가 (34, Junggu-ro 29beon-gil, Jung-gu, Busan, 48977)
☎ 051-244-2023　休 月曜　営 火〜木、日11:00〜23:00　金・土11:00〜翌1:00　C 可
○ なし

2.
Nampo-dong

南浦ムルフェ
남포물회
ナムポムルフェ

| MAP/ P146-B4 | **RESTAURANT** |

ヒラメの刺し身のフェトッパッ（刺し身丼）（₩1万5000）

新鮮でヘルシー！韓国の刺し身料理にトライしよう！

　海の街・釜山では、さまざまな海の幸を楽しむことができます。刺し身も日本と同様に食しますが、異なるのはその食べ方。釜山とその近郊地域から広まったとされる刺し身料理の1つが「ムルフェ」です。日本語に訳すと「水刺し身」という意味ですが、お刺し身とキュウリや梨といった野菜と果物のほかに、器には氷が入っています。そこにまず、砂糖とコチュジャン、酢を加えてから最後に冷水を注いでスプーンでかき混ぜてから食べます。サンチュやエゴマの葉にムルフェの具やご飯を包んで食べてもいいですし、ムルフェのスープにご飯を浸して食べてもOK。

1. アカムツの刺し身のムルフェ（₩1万5000）。**2.** キムチなどのおかずに加えて焼き魚（サンマ）が出てくる。**3.** 昼時はあっという間に混むので、昼食時間のピークを避けて早めに行くとゆっくり食べられる。**4.** 2、3階にも客席がある。

DATA

🏠 부산광역시 중구 자갈치로 36 (36, Jagalchi-ro, Jung-gu, Busan, 48982)
📞 051-241-1244　休 なし　⏰ 11:00〜21:00　C 可
📷 なし

3.
Nampo-dong

The Time Now
더 타임 나우
ザ・タイム・ナウ

| MAP/ P146-B3 | CAFE |

おしゃれスイーツとかわいい看板犬のいる癒やしカフェ

　観光客も多く訪れる南浦洞(ナンポドン)の一角にある隠れ家的なカフェ。おしゃれでキュートなインテリアと落ち着いた雰囲気の店内ではゆったりとコーヒーブレイクを楽しむことができます。バラエティーに富んだフルーツとアイスクリームで彩られたティラミスプレートや、フルーツソースやクリームなどトッピングを選べるクロッフルは人気メニューであり、味もボリュームも満足、お腹を満たしてくれること間違いなし。

　そして、カフェのもう1つの目玉は看板犬であるウェルシュ・コーギーのマンドゥ。その愛くるしさは訪れる人を癒やしてくれます。

豊富なフルーツとアイスクリームが彩りを添えるマスカルポーネティラミス(₩1万1000)。このほかにもクロッフルやクレープのスイーツも。

南浦洞

1.イチゴのクロッフル（₩1万6000）は冬〜春先にかけての人気メニュー。 **2.**こぢんまりとしながらも明るくホッとできる雰囲気の店内。 **3.**おしゃれなインテリアが目を引く。 **4.**建物の2階がカフェ。英語とハングルで書かれた看板が目印。**5.**カフェの看板犬・マンドゥ。

DATA

住 부산광역시 중구 남포길 14-1 2층 (2nd floor, 14-1, Nampo-gil, Jung-gu, Busan 48953)
電 010-8671-4270　休 なし　営 11:00〜22:00　C 可
@ttn_mandu

29

4.
Nampo-dong

コヒャンサンチョン

고향산천

コヒャンサンチョン

| MAP/ P146-B2 | RESTAURANT |

キムチの旨味たっぷりのキムチチゲ1人前₩7000。

国際市場の路地裏にある、知る人ぞ知る庶民派食堂

「故郷の山河」という意味の「コヒャンサンチョン」は、韓国の定番家庭料理を₩1万以下のお値段で食べられる食堂です。南浦洞の路地裏にあり、お昼時になると会社員や買い物客でにぎわいます。メニューは「トゥルチギ(豚肉炒め)」「コンナムルクッパ」「石焼きビビンバ」「キムチチゲ」といたってシンプルですが、注文すると数種類のパンチャン(おかず)も一緒に出され、韓国版のおふくろの味が楽しめます。なお、カード決済不可のため、現金を用意して来店しましょう。店員さんもとても親切で、古き良き韓国の味と人情に触れることができますよ。

南浦洞

1.ナムルがたっぷり入った石焼ビビンバ(₩7000)も人気の一品。2.野菜と豚肉を甘辛く炒めたトゥルチギ。1人前₩8000。3.こぢんまりとしているが清潔感が漂う店内。4.迷わないように、この看板を目印に小道に入っていこう。

DATA

🏠 부산광역시 중구 광복로39번길 31-2(31-2, Gwangbok-ro 39beon-gil, Jung-gu, Busan, 48946)
☎ 051-255-1225　休 毎週日曜　営 11:00〜20:00(要確認)　C 不可
📷 なし

Column.2

釜山市民の台所を覗いてみよう!

「釜山の台所」として市民の生活を支えてきた「市場」。釜山の繁華街であり、観光スポットの1つでもある南浦洞には、釜山を代表する市場が集中しています。食材から、飲食店、さらには雑貨やファッションアイテムまでさまざまな店が軒を連ね、見ているだけでも飽きません。掘り出し物のお土産を見つけたり、トレンドがわかったりして面白いですよ。

国際市場
국제시장／クッチェシジャン

　7,500坪の広さに1,200以上の店舗がひしめく巨大市場。映画やドラマのロケにも度々使われますが、朝鮮戦争で釜山に逃れた人々が身を寄せ合い、ここで市場を開いたのがそもそもの始まりです。以来、釜山市民の生活には欠かせない場となっています。国際市場はファッション、雑貨、電化製品、土産物といった店舗がメインで構成されています。

DATA　▶MAP/P146-B3

- 부산광역시 중구 중구로 46 (46, Junggu-ro, Jung-gu, Busan, 48945)
- 051-245-7389(代)　休 日、祝祭日※店舗により異なる　9:00～20:00※店舗による異なる
- 一部使用不可の店舗もあり

富平カントン市場
부평깡통시장／ブピョンカントンシジャン

　青果や精肉、鮮魚や惣菜など食品がメインの市場で、釜山名物のオムク（魚の練り物）やトッポギ、キンパッも食べられ、韓国のB級グルメを制覇できます。特に「夜市」が有名。屋台で韓国料理をはじめ、日本やベトナム、トルコなど世界の食を楽しめます。週末を中心に多くの市民や観光客でにぎわいます。

DATA ▶ MAP／P146-A2

🏠 부산광역시 중구 부평1길 48
（48,Bupyeong 1-gil,Jung-gu,Busan,48977）
☎ 0507-1416-1131（代）
休 ※店舗により異なる
🕐 9:00〜20:00※店舗による異なる／夜市は毎日19:30〜24:00
💳 一部使用不可の店舗もあり

チャガルチ市場
자갈치시장／チャガルチシジャン

　韓国を代表する水産市場。軒を連ねる鮮魚店は、昔にタイムスリップしたかのようなどこか懐かしい雰囲気で、威勢のいい呼び声が飛び交います。隣接するビルには刺し身など海鮮料理の店が入り、生け簀（す）の魚を好みの調理で食べることができます（料金は種類や時期、内容によって異なります）。まさに釜山らしさを直接感じられる場所と言えます。

DATA ▶ MAP／P146-B4

🏠 부산광역시 중구 자갈치해안로 52
（52,Jagalchihaean-ro,Jung-gu,Busan,48983）
☎ 051-245-2594（代）
休 毎月第1、3火曜
🕐 5:00〜22:00※店舗による異なる／夜市は毎日19:30〜24:00
💳 一部使用不可の店舗もあり

5. Nampo-dong

草梁1941

초량1941
チョリャン1941

| MAP/ P150-B3 |　　**CAFE**　　|

築80年以上の日本家屋が、そのままの姿で佇んでいる。

緑豊かな美しい日本家屋での贅沢な時間

　日本家屋をそのままカフェとして使用している草梁1941。その名の通り1941年に建てられた日本家屋はその凛とした佇まいと趣が印象的。南浦洞を含め、カフェがあるこの地域は歴史的な流れから現在でも日本家屋が残っていることでも知られています。アクセスはやや不便な場所にありますが、カフェからは美しい釜山港や釜山の街並みを一望することができデートスポットとしても人気です。クリームソーダやパフェ、フルーツサンドなど、どこか懐かしくおいしいスイーツメニューも盛りだくさん。おしゃれで贅沢な時間を楽しんでみませんか？

南浦洞

1. レトロな雰囲気の店内。静寂の時を感じられる。**2.** 甘さ控えめで、口当たりがいいコーヒーゼリー（₩6500）。**3.** 懐かしく童心に帰れそうなメロンソーダ（₩7500）。**4.** フレッシュなフルーツサンドは甘さ控えめ（₩6500）。

DATA

🏠 부산광역시 동구 망양로533-5（533-5, Mangyang-ro, Dong-gu, Busan, 48717）
📞 051-462-7774　休 なし　🕙 10:30〜18:00(L.O.17:30)　C 可
📷 @_choryang

6.
Nampo-dong

釜山近現代歷史館

부산근현대역사관

ブサンクンヒョンデヨクサカン

| MAP/ P147-C2 | **MUSEUM** |

本館の入り口がこちら。龍頭山(ヨンドゥサン)公園のそばにある。釜山の近現代史をカバーした展示は一見の価値あり。

釜山の歩みを知り、学びながらくつろげる複合空間

　龍頭山公園のそばにある、釜山の近現代史が学べる複合空間です。本館は旧韓国銀行を、別館は日帝期に建設された東洋拓殖株式会社の社屋を改装して建てられました。本館にあるのは金庫美術館（地下1階）をはじめ、展示室（2〜4階）。朝鮮戦争や軽工業産業の発展期、造船産業の発祥地として、釜山の近現代の歩みが展示されています。別館は図書館。書籍は韓国語ですが、多様な読書スペースが魅力です。また本館1階では、カフェやショップを備えたオープン空間もあり。コーヒーを飲みながら、過去・現代・未来へと続く釜山に思いをはせてみませんか？

1.人々の生活の様子を再現した展示。2.別館にある読書スペース。3.釜山の歩みを波で表現するオツな展示。

DATA

- 부산광역시 중구 대청로 112 (112, Daecheong-ro, Jung-gu, Busan, 48949)
- 051-607-8000　休 月曜、1月1日　9:00〜18:00（入場は17:00まで）　C 無料
- @bmch_museum

7.
Nampo-dong

Good ol' days

굿올'데이즈

グッドオールドデイズ

| MAP/ P147-D2 | **HOTEL & CAFE** |

客室にテレビはなく、LPレコードプレーヤーとコーヒーセット、筆記用具とハガキセット、ノートがある。

南浦洞

思い出に残る滞在体験ができるホテル&カフェ

　釜山港や南浦洞の繁華街から近い、中央洞（チュンアンドン）にあるホテル&カフェがこちら。ホテル業界がデジタル化する中、多忙な現代人にアナログな滞在体験を提供しています。まず客室には、テレビの代わりにレコードプレーヤーを置き、レトロな音楽鑑賞を推奨。また、文房具やレターセットもあり、訪問録だけでなく、未来の自分に手紙を送ることも可能。同店では、その手紙を指定の月・住所に郵送するサービスを提供しています。カフェでは素材の味を生かした手作りスイーツも味わえます。釜山旅行で一味違うアナログ体験をしてみませんか？

1.カフェのルーフトップ席（屋上）から望む釜山タワー。 2.釜山の名所写真をポストカードで巡れるディスプレー。購入も可能。 3.カフェの2階席。 4.人気のフィナンシェ2種とエッグタルトがこちら。コーヒーによく合う。 5.ルーフトップ（屋上）の様子。

DATA

🏠 부산광역시 중구 중앙대로41번길 5 (5, Jungang-daero 41beon-gil, Jung-gu, Busan, 48957)
📞 0504-0904-2556　休 なし　🕐 ホテル check-in 15:00〜、カフェ 11:00〜22:00　C 可
📷 ホテル@goodoldays_hotel、カフェ@goodoldays_cafe

8.
Nampo-dong

巨人トンタッ
거인통닭
コイントンタッ

| MAP/ P146-A2 | **RESTAURANT** |

最高コスパなチキンがここにある！

　皆さんは「チメク」を知っていますか？「チキン」と韓国語でビールを意味する「メクチュ」を組み合わせた造語です。韓国では、「ビールにもっとも合うつまみはチキンである」ということで人気があります。だから、韓国ではチキンの店が本当に多く、一部のフランチャイズ店は日本など海外にも進出しているほど。チキンの味付けやスタイルも各店舗によって異なり、食べ比べを楽しむこともできます。

1. フライドチキン₩2万4000。かなりのボリュームで2人で食べても食べ切れないほど。**2.** オーダーとともにアツアツのチキンを店の外で揚げてくれる。**3.** 店内での飲食のほか、テイクアウトも可能。**4.** 飲食店やカフェ、食料品店が立ち並ぶカントン市場の一角にある。

DATA

🏠 부산광역시 중구 중구로47번길 34 (34, Junggu-ro 47beon-gil, Jung-gu, Busan, 48977)
📞 051-246-6079　㊡ 日曜　🕐 12:00〜21:00 (14:00〜15:30はブレイクタイム)　🅲 可
📷 なし

釜山で出合う色の世界

　釜山では古くからの地域を、新たな観光スポットとして活用する街づくりが近年行われています。

　代表的なのが言うまでもなく甘川(カムチョン)文化村。カラフルな家が丘の中腹に立ち並ぶ姿はとても印象的。また、影島(ヨンド)区にある白瀬(ヒンヨウル)文化村は、海沿いの家や壁が白く塗られ、青い海とのコントラストは「韓国のサントリーニ」とも呼ばれています。そして近年、新たなスポットとして注目されているのが沙下(サハ)区にある長林浦口(チャンニムポグ)です。色とりどりの建物と水辺の船が写真映えすると、SNSを通じて注目を集めるようになりました。

美しい色の世界が織りなす光景。左から甘川文化村、右上・白瀬文化村、右下・長林浦口

甘川文化村
감천문화마을
カムチョンムナマウル

DATA ▶ MAP/P150-A3

🏠 부산광역시 사하구 감내2로 203 (203, Gamnae 2-ro, Saha-gu, Busan, 49368) 🚇 釜山地下鉄1号線・チャガルチ(Jagalchi)駅よりタクシーで約10分

白瀬文化村
흰여울문화마을
ヒンヨウルムナマウル

DATA ▶ MAP/P150-B3

🏠 부산광역시 영도구 절영로 194 (194, Jeoryeong-ro, Yeongdo-gu, Busan, 49081) 🚇 釜山地下鉄1号線・南浦(Nampo)駅よりタクシーで約8分

長林浦口
장림포구
チャンニムポグ

DATA ▶ MAP/P150-A3

🏠 부산광역시 사하구 장림로93번길 72 (72, Jangnim-ro 93beon-gil, Saha-gu, Busan, 49478) 🚇 釜山地下鉄1号線・南浦(Nampo)駅よりタクシーで約8分

9.
Nampo-dong

MINI BOX
미니박스
ミニボックス

| MAP/ P146-B3 |　　SHOP　　|

ずらっと並ぶアクセサリーが圧巻！見ているだけで楽しくなるショップ

南浦洞の国際市場からほど近い繁華街にあるプチプラのアクセサリー雑貨のお店。店内は壁中にピアスやネックレス、髪留めなどさまざまなアイテムが大量に並んでいます。カラフルでかわいいものからシックなものまで、気に入ったデザインが見つかること間違いなし。ハングルでデザインされたピンやグッズもあるので、バラマキ用のお土産にもおすすめです。1品₩1000～と安いので、買いすぎには注意！

1.アクセサリーがちりばめられたショップの外観もインパクト大。買い物モードON！ 2.ハングルでデザインされたピン。₩3000～。3.きらびやかな店内。掘り出し物が見つかりそう。

DATA
🏠 부산광역시 중구 광복로 49 (49, Gwangbok-ro, Jung-gu, Busan, 48947)
☎ なし　🗓 不定休　🕚 11:00〜22:00　💳 可
📷 なし

Busan

서면
Seomyeon
西面エリア

| MAP / P148 |

釜山市の中央部に位置する繁華街の西面(ソミョン)は、交通のアクセスもよく、
ホテルやデパートもあり、ショッピングや宿泊にも便利です。
また、屋台街やデジクッパ通り、カフェ通りといった、グルメのエリアとしても知られています。

Pick up Spot 2

西面地下商店街
서면지하상가
ソミョンチハサンガ

グルメからショッピングまで西面を歩き尽くそう！

西面は若者に人気の繁華街であるうえ、交通アクセスもバツグン。
宿泊からグルメ、ショッピングまで、何にでも利用できます。

　西面（ソミョン）は釜山を代表する繁華街の1つであることは言うまでもありませんが、新旧が入り交じった雰囲気であるのが特徴です。地下鉄やバスの公共交通機関のアクセスも便利。駅と直結しているロッテデパート内には免税店もあり、ホテルも隣接しています。駅と直結していて、ファッションやコスメ、雑貨を中心に300もの店舗を持つ地下商店街があり、天候を気にすることなくショッピングができます。また、昔ながらの伝統的な市場である「西面市場」やデジクッパの食堂が立ち並ぶ「デジクッパ通り」など、「グルメ横丁」として人気の通りも見逃せません。グルメ、ショッピングと西面を歩き尽くしてください。

新旧の雰囲気が入り交じる西面エリアは見どころがたくさん。

DATA　　　　　　　　　　　　　　　　　　▶ MAP/P148-A3〜B2

🏠 부산광역시 부산진구 중앙대로 717 (717, Jungang-daero, Busanjin-gu, Busan, 47254)
📞 051-713-8291　休 第1火曜（店舗により異なる）　🕙 10:00〜22:00（店舗により異なる）
💳 ほぼ可能だが一部店舗は不可の場合も　📷 なし
🚇 釜山地下鉄1・2号線・西面(Seomyeon)駅の1番2番出口方面

田浦カフェ通り
전포카페거리
チョンポカペコリ

田浦カフェ通りでのとっておきの時間

2010年代にカフェブームが始まった韓国では、各地でおしゃれなカフェがお目見えするようになりました。ここ田浦カフェ通りでは心そそられるような素敵なカフェが立ち並びます。

西面でもう1つ見逃せないのが「田浦(チョンポ)カフェ通り」です。地下鉄の西面駅から10分、田浦駅から3分のところにあるカフェ通りは、元は住宅や町工場が集中する地域でしたが、その建物をリノベーションし、おしゃれでかわいいカフェが立ち並ぶようになりました。2017年にはアメリカのニューヨーク・タイムズで「世界の旅行地52選」にも選定。その雰囲気はどこかヨーロッパの裏路地を連想させるよう。カフェもスイーツ専門や、ブランチカフェ、ベーカリーカフェとバラエティーに富んでいて、昼夜を問わず若者を中心に多くの人で活気に満ちています。通りを散策しながら写真映えしそうなスポットを見つけてみてくださいね。

おしゃれなかわいいカフェが立ち並ぶ。写真映えのスポットも多い。

DATA ▶ MAP/P148-B3

- 부산광역시 부산진구 전포대로 209번길 26 (26, Jeonpo-daero 209beon-gil, Busanjin-gu, Busan, 47293)
- 店舗により異なる　ほぼ可能だが一部店舗は不可の場合も　なし
- 釜山地下鉄1・2号線・西面(Seomyeon)駅の2番出口より徒歩約7分、または釜山地下鉄2号線・田浦(Jeonpo)駅7番出口より徒歩3分

10.
Seomyeon

松亭3代クッパ

송정3대국밥

ソンジョンサムデクッパ

| MAP/ P148-A3 | RESTAURANT |

代々続く名物のデジクッパ₩9000。ぐつぐつと煮出したスープはあっさりとしている。この味を求めてお店の前に行列ができる。

1946年創業！行列ができるデジクッパの老舗

　釜山を訪れたら、食べておきたい郷土料理の1つがデジクッパではないでしょうか？　西面「デジクッパ通り」には名店が並んでいますが、いつも混んでいるお店がこの「松亭3代クッパ」。創業1946年の長い歴史を持ち、変わらない味が地元民の舌をとりこにしてきました。ちなみに「デジ」は豚、「クッパ」はスープご飯のこと。豚の各部位をよく煮込んだスープは、化学調味料不使用でさっぱりとしており、つい飲み干してしまいたくなること間違いなし。お酒の後の酔い覚ましにもおすすめです。24時間営業のため、時間を気にせずに立ち寄れます。

1. ご飯と麺、好みでニラとアミの塩辛を投入！　**2.** おかず類のおかわりは、セルフサービス。　**3.** お店の外観はこちら。**4.**「デジクッパ通り」には名店が並ぶ。

DATA

🏠 부산광역시 부산진구 서면로 68번길 33 (33,Seomyeon-ro 68beon-gil,Busanjin-gu, Busan, 47286)
📞 051-806-5722　休 なし　営 24時間　C 可
📷 なし

11.
Seomyeon

MODERN TABLE
모던테이블
モダンテーブル

| MAP/ P148-B3 |　　**CAFE**　　|

"クロッフル"とはクロワッサンとワッフルを掛け合わせた韓国の人気スイーツ。その"クロッフル"にヌテラとクリームをのせた"ヌテラクロッフル"とアイスコーヒーのセット（₩1万8000）。

モダンなカフェでボリューミーなスイーツを召し上がれ

　2010年頃よりカフェブームが広がった韓国では、今ではおいしいコーヒーやスイーツを気軽に楽しむことができます。「MODERN TABLE」は釜山でカフェが多く集まる西面の中でも特にワッフルやケーキに定評があり、おしゃれでシックなインテリアで統一された店内はゆったりとした雰囲気。そして、何よりもワッフルやケーキがボリューミーであり、メインスイーツとドリンクの「カップルセット」は2人で食べてもお腹いっぱいになるほどです。ワッフルやケーキは、フルーツやクリームの味が香ばしく、甘さは控えめで優しい口あたりです。

1. イチゴたっぷりのポムポムワッフルは₩2万1800(シーズン限定)。 **2.** フレッシュなマンゴーがたっぷりのマンゴーケーキ(₩8000)。 **3.** 店名の通りモダンなインテリアと明るい雰囲気の店内。 **4.** ビルの3階にあるので看板をお見逃しなく。

DATA

🏠 부산광역시 부산진구 중앙대로680번길 45-9 3층 (3rd Floor,45-9, Jungang-daero 680beon-gil, Busanjin-gu, Busan, 47296) ☎ 051-809-0301 休 なし ⏰ 12:00〜23:00(L.O.22:00) C 可
@modern_table_busan

12.
Seomyeon

シゴルパッサン

시골밥상

シゴルパッサン

| MAP/ P148-A3 | **RESTAURANT** |

店名と同じ代表メニューの「シゴルパッサン」(1人前₩1万3000)の内容の一部。焼き魚の数は人数に応じて。ポッサム(左)は₩1万6000。

ボリュームたっぷり！韓国の素朴な家庭料理の味を堪能しよう

　店名の「シゴルパッサン」とは「田舎ごはん」という意味。店内は明るくモダンな雰囲気が良い感じです。ご飯とテンジャンチゲと一緒にチャプチェやナムル、キムチや焼き魚、プルコギといった日本でもおなじみの韓国のおかずを豊富に楽しむことができます。しかもうれしいのは、おかずはほぼおかわりが可能で、物価高が続く韓国でも、これだけの内容でお腹いっぱい食べられるのはコスパが良いと言えます。また、この他にもポッサム(ゆで豚)やカンジャンケジャン(ワタリガニの醤油漬け)の単品もあり、定食のご飯をプラス料金でトルソッパッ(釜飯)にすることも。

1.韓国の家庭料理としても親しまれているおかずをたくさん味わえるのがうれしい。 2.アワビのトルソッパッ（釜飯）。「シゴルパッサン」の料金に₩2000〜8000プラスで変更できる。 3.日差しが差し込む明るくモダンな店内。 4.釜山の繁華街・西面（ソミョン）にあり、アクセスも便利。

DATA

부산광역시 부산진구 가야대로 784번길 46-9 (46-9, Gaya-daero 784beon-gil, Busanjin-gu, Busan, 47287)　051-807-6553　なし　10:00〜21:00　可
なし

13.
Seomyeon

ムセファロ

무쇠화로
ムセファロ

| MAP/ P148-B3 | **RESTAURANT** |

新鮮で質の良い牛肉をコスパ良くたべられるのがうれしい。

西面で焼き肉を食べたいならここ！コスパ良しの牛肉焼き肉店

韓国で焼き肉と言えばサムギョプサルなど豚肉のイメージが強いかと思いますが、牛肉専門の焼き肉店も多くあります。ムセファロは西面(ソミョン)にある牛肉専門の焼き肉店で、店名は「火鉢」を意味します。韓国でも近年は物価高が進み、外食も例外ではありません。同店では良質な牛肉を部位ごと、またはセットで選べます。100gで₩9000〜、3種類の肉が200gずつのセットは₩5万6000〜(3人から注文可)などお得感があります。肉だけではなく、野菜やおかずもたっぷり食べられるのもポイントです。庶民的な雰囲気でゆったり味わえるおすすめの店です。

1.卵をふわふわに蒸したケランチム。肉料理とよく合う。**2.**モウモウと煙を上げて焼ける肉。食欲がそそられる。**3.**ガラス張りで入りやすい雰囲気の外観。

DATA

부산광역시 부산진구 동천로95번길 7 (7, Dongcheon-ro 95beon-gil, Busanjin-gu, Busan, 47292)
0507-1393-1084　なし　11:30〜翌1:00(月曜のみ15:00〜翌1:00)　可
@musoehwaro

14.
Seomyeon

コヒャンマッ

고향맛
コヒャンマッ

| MAP/ P148-A3 | **RESTAURANT** |

テーブルいっぱいに並べられた料理の数々。写真のメニューは「コヒャンサムジョンシク」で₩1万3000(2人以上で注文可能)。

韓国のお母さんの味がここに勢揃い！地元の人気韓定食屋

　韓国ではもてなしでたくさんの料理が食卓いっぱいに並べられることを「食膳の脚が折れる」と表現しますが、まさにその言葉そのままに韓国の味を思う存分味わえるのが「コヒャンマッ」。釜山の繁華街・西面で長年人気の店として親しまれてきましたが、店名の「コヒャンマッ」とは「故郷の味」を意味し、「故郷のお母さんの味」をモットーに韓国の人々にとってもなじみ深いおかずが季節や日替わりで出されます。魚や肉、野菜をバランスよく考慮した内容で、ヘルシーなうえ、辛いものが苦手な人でも食べられるおかずが多いので安心です。

西面

1.サバの煮込み（手前）。甘辛く染み込んだ味にご飯がよく進む。 2.ダシが利いたワカメスープ。韓国では慶事のほか、家庭料理としても親しまれている。 3.チェユクポックム（豚肉の甘辛炒め）はエゴマやサンチュに包んで食べると美味しい。4.韓国の伝統家屋をイメージした店内。

DATA

🏠 부산광역시 부산진구 중앙대로711 지하1층 (B1, 711, Jungang-daero, Busanjin-gu, Busan, 47286)
☎ 051-803-1363　休 なし　営 11:30～22:00　C 可
○ なし

55

15.
Seomyeon

ソミョンケグムミルミョン
서면개금밀면
ソミョンケグムミルミョン

| MAP/ P148-A3 | **RESTAURANT** |

釜山っ子が愛するムルミルミョン(₩7500)。辛くなくさっぱりした食感がクセになります。

さっぱり爽快な味わい。釜山っ子に愛される人気ミルミョン店

　冷麺といえば韓国の代表的な麺料理の1つですが、ここ釜山では冷麺に代わって「ミルミョン」が釜山発祥の麺料理として親しまれています。韓国語で「ミル」は「小麦」、「ミョン」は「麺」を指し、小麦粉で作られた麺です。釜山の人々にとっては「冷麺よりもミルミョン」と言うほど、ソウルフード的な存在。釜山の中で西面(ソミョン)は特にミルミョン店の激戦区ですが、ソミョンケグムミルミョンは昼・夕食時はいつも店内が満席になるほどの地元の人気店。釜山以外の地域や外国からの観光客もよく訪れます。麺はもっちりコシがあり、冷たくさっぱりした食感です。

56

1. ピリ辛のビビンミルミョン（₩8000）。鮮やかなビジュアルが印象的。 **2.** ミルミョンのお供に欠かせないマンドゥ（餃子）は₩5500。 **3.** 広くきれいな店内。昼・夕食時は混むため、混雑時を避けて行くのがベター。 **4.** 店のすぐ近くには釜山で有名なデジクッパ通りもある。

DATA

🏠 부산광역시 부산진구 서면로68번길39 (39, Seomyeon-ro 68beon-gil, Busanjin-gu, Busan, 47286)
📞 050-71436-0456　❌ なし　🕐 9:00～22:00（冬季は21:00まで）　💳 可
📷 なし

16.
Seomyeon

五月生
오월생
オウォルセン

| MAP/ P148-B3 | **CAFE** |

夏限定の「スバクピンス」(₩1万5000)は、SNSで映えること間違いなし。

まるでお菓子の国のようなかわいいスイーツがいっぱい！

　おしゃれなカフェやショップが多く集まる西面にある「田浦カフェ通り」。そこから少し歩いたところにあるカフェ「五月生」はお菓子の国に来たかのようなかわいらしいスイーツに定評があります。観葉植物やモダンなインテリアで飾られた店内は若者を中心にいつもにぎわっています。季節の旬なフルーツを使ったスイーツは、その見た目の美しさから舌だけではなく目も楽しませてくれます。また、夏限定メニューではありますが大人気のスイカの皮を器のように使い、かき氷風にアレンジした「スバクピンス」はまさに芸術的と言えます。

1. イチゴはやっぱりスイーツの王道。イチゴショートケーキは₩9500。 **2.** 童話の世界のようなカウンター。 **3.** 宝石をちりばめたようなおしゃれなケーキ。 **4.** モダンな雰囲気を演出する緑やインテリア。

DATA

🏠 부산광역시 부산진구 전포대로 206-2 2층 (2nd Floor, 206-2, Jeonpo-daero, Busanjin-gu, Busan, 47304)
☎ なし　休 火曜　🕛 12:00～22:00　C 可
📷 @may_____s2

Column.4

ホテルで飲みたい！ おすすめドリンク

「お酒が飲み足りない」という時におすすめなのがホテル飲み。
釜山ローカルのドリンクを含め、選択肢は豊富です。

釜山焼酎

釜山の名物焼酎（소주）といえば、「대선（デソン）」と「C1（シウォン）」。慶尚南道昌原（キョンサンナムド チャンウォン）市の「좋은데이（チョウンデイ）」とともに、飲食店でよく見かける焼酎です。アルコール度数は、デソンとチョウンデイが16.5％、C1が19％と高めです。

釜山の名物マッコリ

釜山を代表するマッコリには、「생탁（センタク）」と「동백（ドンベク）」があります。アルコール度数はそれぞれ6％です。マッコリは、お米を原料に発酵させたアルコール飲料で、とろみのある口当たりで飲みやすいのが特徴です。マッコリにはこの2種以外にもさまざまな種類があります。興味のある方はマッコリバー（→P.64）へ！

釜山のクラフトビール

釜山ではクラフトビールも人気です。地元の醸造所で丹念に造られたクラフトビールには、種類ごとに麦芽の風味と香りが楽しめるものばかり。ちょい飲みにもおすすめです。　→P.108 GORILLA BEACH

韓国の定番ビール

韓国全土で買えるビールもおすすめです。特にこちらの「CASS」と「TERRA」は、飲食店で見かけることの多い定番。ちなみに、韓国ではビールに焼酎を混ぜて飲むのも一般的で、焼酎（소주）とビール（맥주）の頭文字をとって「소맥（ソメク）」や、「폭탄주（ポクタンジュ）」とも呼ばれます。

Busan

광안리
Gwangalli
広安里エリア

| MAP/ P150 |

広安里(クァンアンリ)は、釜山のランドマークでもある広安大橋と広安里ビーチがあり、マリンスポーツやデートスポットとして若者に人気です。
また、毎年秋には「釜山花火大会」も開催され、多くの見物客でにぎわいます。

17.
Gwangalli

コナッオン

고낙온
コナッオン

| MAP/ P150-A2 | **Restaurant** |

左奥から時計回りに海鮮炒めカルグクス（注文は2人前からで1人₩1万4000）、海鮮チヂミ（₩1万7000）、マッコリ（₩5000）、チーズとじゃがいものチヂミ（₩1万7000）、ビビンバ（₩3000）、ナクチポックン（注文は2人前からで1人₩1万4500）。

辛いもの好き注目！オーシャンビューのテナガダコ料理の店

　広安里海水浴場の通りに面した、テナガダコ(ナクチ)料理の専門店です。特製の甘辛ソースに唐辛子を入れた料理を提供しています。テナガダコの辛味炒め「ナクチポックン」は代表メニューで、プリプリ食感のナクチと赤くボリューミーなビジュアルが楽しめます。ただし辛いので、心配な方は注文時に「トルメッケヘジュセヨ(辛さ控えめにしてください)」と伝えてみましょう。またビビンバ、焼酎やマッコリが進むチヂミメニューも人気です。人気料理を組み合わせたセットメニューもあります。青い海と広安大橋のビューを眺めながらの食事は格別ですよ。

1. ボリュームたっぷりのナクチポックン(2人前)。甘辛ソースがしっかりからんだ存在感のあるナクチが味わえる。**2.** とろけるようなチーズとサクッとした食感がクセになるチーズとじゃがいものチヂミ。**3.** コシのある麺と辛味が利いた海鮮炒めカルグクス(2人前)。**4.** 光が明るく差し込む開放感のある店内。

DATA

🏠 부산광역시 수영구 광안해변로 197 3층 (197, Gwanganhaebyeon-ro, Suyeong-gu, Busan, Korea, 48303)　📞 051-925-4141　㊡ なし　🕐 11:00〜22:00　💳 可
📷 @gonakon_official

18.
Gwangalli

SULGOTGAN
술곳간
スルゴッカン

| MAP/ P150-A1 |　　**BAR**　　|

トップ5は左から「イファペクチュ」「福順都家」「ホランイペッコッ」「イルヨッピョンチュ」「ピュンジョンサケ」各₩1万8000〜（変動あり）。

64

韓国産のお酒だけを200種以上！隠れ家的なマッコリバー

釜山を含む慶尚南道で造られたプレミアムマッコリをはじめ、韓国中から集められたお酒が楽しめるバー。落ち着いた雰囲気で、女子1人でも入りやすいのも魅力です。常に200種類以上のお酒を取り揃えているため、毎回新しい味に出会えます。またこちらのお店は、おつまみもプレミアム級。特にタラコとポテトのチヂミは、もっちりとした食感がやみつきになります。マッコリとの相性もぴったりなので、試してみてください。釜山名物の具たっぷりのおでんもおすすめ。ちなみに「おでん」は韓国語でも「おでん(오뎅)」です！開店は夕方5時からです。

広安里

1.落ち着いた店内。 2.マッコリとタラコのチヂミがよく合う。 3.釜山名物のおでんも楽しめる。 4.ピリ辛トマトのムール貝パスタ。₩2万4000。

DATA

🏠 부산광역시 수영구 무학로21번길 98 (98, Muhak-ro 21beon-gil, Suyeong-gu, Busan, 48267)
📞 051-711-0784　要確認　17:00〜翌1:50　可
@sulgotgan

19. Gwangalli

コギョル

고결
コギョル

| MAP/ P150-A2 | **RESTAURANT** |

サムギョプサルは130gで₩1万3000〜、骨付きカルビは280g₩3万2000〜。

こだわりを追求した骨付きカルビとサムギョプサルに舌鼓

　広安里ビーチからほど近い住宅街の一角にある「コギョル」は、本格的な骨付きカルビ、サムギョプサルを味わえる店として人気です。

　店の門をくぐり一歩敷地に入るとモダンな造りの韓屋風の建物が印象的です。「コギョル」の人気の秘密は食材など1つ1つにこだわりを持ち、熟成した肉を厨房で藁を使って一度焼いた上で、客席でしっかりと焼き上げてくれるという独特でユニークなスタイルも目を引きます。肉の柔らかさやタレの味わい、おかずやトルソッ(石釜)のご飯などどれもおいしさが際立ちます。優雅でおいしいひとときをコギョルでどうぞ。

1.グレープフルーツや梅、伝統酒などを割ったコギョルのオリジナルハイボール。 2.緑の木々や季節の花々が目を楽しませてくれる。 3.メニューの1つ1つに食材を生かした味へのこだわりが感じられる。 4.明るく広々とした店内。

DATA

🏠 부산광역시 수영구 광안해변로255번길 50 (50, Gwanganhaebyeon-ro 255beon-gil, Suyeong-gu, Busan, 48285) 📞 051-757-1667 休 なし 🕐 12:00〜23:00（ブレイクタイム15:00〜17:00、L.O.22:00） 💳 可 📷 @b.go.gyeol

20.
Gwangalli

Deokmi atelier
덕미 아틀리에
ドックミアトリエ

| MAP/ P150-A2 |　　**CAFE**　　|

閑静な住宅街にある隠れ家的癒やしのブランチカフェ

「ドックミアトリエ」は釜山を代表する広安里(クァンアンリ)ビーチからほど近い閑静な住宅地の一角に佇むブランチカフェです。その名の通り、アトリエをイメージした店内には、絵画や絵の道具がインテリアとして飾られおしゃれな雰囲気を演出しています。新鮮な食材を使ったサンドイッチ、サラダ、スープのブランチメニュー、フルーツで彩られたケーキ、そして、コーヒーやティーまで幅広く、そしてクオリティーの高い味を楽しむことができます。木漏れ日が差し込む店内で、おいしいブランチやスイーツを味わいながら至福のときを過ごしてみては。

1.ピスタチオラズベリーケーキ(₩8500)は濃厚な味わい。 **2.**大きな窓から差し込む日差しが心地よい。 **3.**店内は木のぬくもりを感じられ落ち着く。 **4.**かつての住宅をカフェとしてリノベーション。韓国では近年このようなスタイルのカフェが多い。

ヨーロピアンディッシュ(中央・₩1万4000)、ジャンボン・ブールサンドイッチ(手前・₩1万4000)、ドリンクはカモミールティー(奥・アイス、ホットともに₩7000)、デザートのレモンティラミス(右上・フルーツのケーキ類は季節などにより価格が変動)。

DATA

부산광역시 수영구 광남로172번길 25 (25, Gwangnam-ro 172beon-gil, Suyeong-gu, Busan, 48285)
0507-1349-5820　なし　9:30〜19:00(土・日は〜21:00)　可
@deokmi_atelier

21.
Gwangalli

Sandys

샌디스
サンディス

| MAP/ P 150-A2 |　　**CAFE**　　|

フルーツをふんだんに使ったスイーツやドリンクが人気。ケーキは₩6000〜8000（時期によって変動あり）、ドリンクは₩5500〜。

目の前に広がるオーシャンビューと美味スイーツを独り占め

　活気あふれる広安里ビーチにあるカフェ、サンディスは青い空とビーチと釜山のシンボルでもある広安大橋の絶景を楽しめ、窓際の席は人気でいつも多くの客でにぎわいます。

　そしてこのカフェが絶景だけではないもう1つの人気の理由は、季節の旬なフルーツをふんだんに使った美しく深い味わいのケーキの数々です。イチゴやマンゴーなどシーズン限定のメニューが多いですが、1年を通じてさまざまなスイーツを楽しめるのもうれしいです。このほかにもクロワッサンにクッキーのコラボというユニークな「クルーキー」というスイーツやドリンクも充実。

広安里

1. コーンケーキと青ミカンエイドは秋のオススメ。**2.** クロワッサンとクッキーがコラボしたスイーツ「クルーキー」(₩5500)。**3.** 景色が楽しめる窓際の席は人気ですぐに埋まることも。**4.** 青空に映える広安里ビーチと広安大橋。

DATA

🏠 부산광역시 수영구 남천바다로 38-15층 (5 th floor, 38-15, Namcheonbada-ro, Suyeong-gu, Busan, 48304)　☎ 051-1111-1111　休 なし　🕐 12:00〜22:00(土日は11:00〜22:00)　C 可
📷 @cafe_sandys

22.
Gwangalli

イハジョンカンジャンケジャン
이하정간장게장

| MAP/ P 150-A1 | **RESTAURANT** |

左・ヤンニョムケジャン、右・カンジャンケジャン。
いずれも定食でW2万5000。おかずもたっぷり出てくる。

絶品カンジャンケジャンならここ！セレブも訪れる人気店

　釜山に来たならやっぱりいろいろな海鮮料理を食べたいですよね。数ある海鮮料理の中でも特に人気なのが「カンジャンケジャン」。ワタリガニを醤油やヤンニョムで漬け、身にたっぷりと染み込んだ醤油やヤンニョムの風味は一度食べたらやみつきになること間違いなしです。広安里エリアにある「イハジョンカンジャンケジャン」は国内外の著名人も多く訪れる有名店であり、その味も定評があります。定番メニューの「カンジャンケジャン定食」は1人W2万5000。メインのカンジャンケジャンのほか、おかずやテンジャンチゲもつき満足度の高い内容です。

1. アワビの醤油漬け定食もあり。(₩3万)。 **2.** 身がたっぷりのカンジャンケジャン。 **3.** 残ったヤンニョムとご飯を混ぜて食べるのが定番。 **4.** 客席も多くゆったりした店内。日本語対応もOKなので安心。

DATA

🏠 부산광역시 수영구 광서로 10번길 46 (46 Gwangseo-ro 10beon-gil, Suyeong-gu, Busan, 48243)
📞 051-909-6100 休 なし 🕐 11:00〜21:00 C 可
📷 @leehajung_soy_sauce_crab

23.
Gwangalli

チャンドク風川サンサムミンムルチャンオ
広安本店

장덕풍천산삼민물장어 광안리본점

チャンドクプンチョンミンムルチャンオ カンアンリボンチョム

| MAP/ P150-B2 | **RESTAURANT** |

ウナギ1人前でこのボリューム。

74

ウナギをサンチュに包んで食す！地元で人気のウナギ料理店

　淡水ウナギの中でも最高級の風川ウナギを仕入れた、行列のできるウナギ専門店がこちら。注文後にウナギをさばき、炭火の焼き網で丁寧に焼いてくれます。ビタミンとミネラルが豊富なウナギは、韓国でも滋養によい高級食。日本で一般的なウナギの蒲焼き丼は1人前100g程度ですが、こちらは1人前500g（₩5万〜）で、お腹いっぱいウナギを堪能できます。肉厚なウナギを、エゴマの葉の漬物や白キムチ、ショウガの千切りなどと一緒に食べるのは韓国ならでは。ウナギ好きはこの新世界を経験してみてはいかが？　アワビとタコ入りの海鮮ラーメンも人気です。

1. 海鮮ラーメン（₩1万3000）も絶品。 **2.** 肉厚なウナギはどのヤンニョム（調味料）で食べるか悩ませてくれます。 **3.** 手際よく焼いてもらったウナギ。手前は醤油だれ付きで、奥はそのまま焼いたものです。塩のみや山参（ヨンサム）とアレンジしても美味。 **4.** 広々とした店内の様子。

DATA

🏠 부산광역시 수영구 민락수변로 147 (147, Millaksubyeon-ro, Suyeong-gu, Busan, 48280)
📞 051-757-5078　休 なし　⏰ 12:00〜23:00　C 可
📷 @jangduk_official

MILLAC THE MARKET
밀락더마켓
ミラクザマーケット

広安里で話題のスポットを堪能しよう！

雑貨屋や食堂、バーなどが入った複合文化スペース。
吹き抜けの休息空間では、広安大橋を眺めながらゆっくりくつろげます。

1.毎週土曜日に行われている無料公演。未来のKスターやアーティストに会えるかも？ MTS(MILLAC THE SUBYEON)というナイトマーケットも開催中
2.施設の外観はこちら。

DATA
▶ MAP/P150-A2

🏠 부산광역시 수영구 민락수변로17번길 56 (56, Millaksubyeon-ro 17beon-gil, Suyeong-gu, Busan, 48281)
📞 051-752-5671 休 なし 🕐 店舗による C 可
📷 @millac_the_market_official

3つの見どころ

3. 施設内の2階の様子。雑貨店、フォトショップなどもある。 **4.** 赤レンガの壁とグラフィティーは写真映えスポット！ **5.** 吹き抜けの休息空間。

おすすめショップ

D°
디도／ディド

若者に人気のウイスキー＆ハイボールバー。女性が1人でも入りやすいカジュアルな雰囲気で、お酒が飲めます。ハイボールのほか、各種カクテルやマッコリもあり。

DATA

🕐 15:00(土・日曜13:00)〜24:00
（金・土曜翌1:00）

POOKIE'S
푸키스／プーキス

燻製チキンが食べられる香港式バーベキュー専門店。近くを通ると食欲をそそる香りがするので、すぐに場所がわかりますよ。ドリンクも購入し、屋内外のスペースで海を眺めながらつまみたい！

DATA

🕐 11:30〜21:00

Column.5

季節のイベント in 釜山

年間を通してさまざまなイベントが開催されている釜山。
なかでも押さえておきたい4大イベントを紹介します。

海雲台砂祭り

해운대모래축제／ヘウンデモレチュクチェ

5月

「海雲台砂祭り」は、砂の彫刻を展示するイベントで、2005年以降、毎年5月に行われています。会場となる海雲台海水浴場には、国内外の芸術家による巨大な砂の彫刻が並び、どれも細部まで作り込まれた大作ばかり。夜間になるとライトアップされ、幻想的な世界を演出してくれます。

DATA ▶ MAP/P151-C2

🏠 海雲台海水浴場、
亀南路（クナムロ）文化広場
開催時期／毎年5月下旬

釜山国際映画祭

10月

부산국제영화제
プサングッチェヨンファジェ

「釜山国際映画祭」は、アジア最大規模の国際映画祭。10月の約10日間、映画の上映や各種イベントが行われ、映画界の著名人が集まります。メイン会場は、センタムシティーにある「映画の殿堂」。世界中から出品された映画が上映されるので、上映スケジュールをチェックしてからでかけましょう。毎年盛り上がるイベントなので、映画が好きな人は、ぜひ立ち寄ってみてください。

DATA ▶ MAP/P150-A1

🏠 부산광역시 해운대구 수영강변대로 120（120, Suyeonggangbyeon-daero, Haeundae-gu, Busan, 48058)
開催時期／毎年10月下旬

11月

広安里花火大会
광안리불꽃축제／カンアンリブルゴッツチュクチェ

「広安里花火大会」は、毎年100万人以上が訪れる大規模な花火大会です。広安大橋付近で約8万発が打ち上げられ、最長級のナイアガラ花火などのスペクタクルを楽しめます。花火は、規模が大きいだけに広安里海水浴場以外にも、マリンシティー（→P.82）や黄嶺山展望台など、離れたエリアからも楽しめますよ。混雑必至なので早めに移動しましょう。

DATA ▶ MAP／P150-A2

住 広安里海水浴場、冬柏島（ドンベクソム）、二妓台（イギデ）水辺公園
開催時期／毎年11月上旬

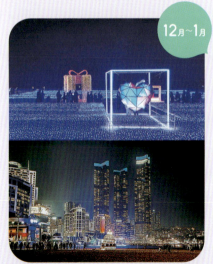

12月〜1月

海雲台光祭り
해운대빛축제／ヘウンデ ビッチュッチェ

「海雲台光祭り」は、海雲台海水浴場や亀南路（クナムロ）文化広場のイルミネーションがきらびやかな冬の恒例イベントです。夜、地下鉄2号線海雲台駅を出て南へ行くと（→P.96）、クリスマスツリーやカラフルなライトアップが待っています。また、海雲台海水浴場には幻想的な光の絨毯が……。釜山旅行の思い出に記念撮影はいかがでしょうか？

DATA ▶ MAP／P151-C2

住 海雲台海水浴場、亀南路（クナムロ）文化広場
開催時期／毎年12月〜1月下旬

五六島スカイウオーク
오륙도스카이워크
オリュットスカイウォク

ビーチと港だけじゃない。
目の前に広がる青い海と空の絶景

「釜山の海といえば港やビーチ」というイメージが強いのではないでしょうか。しかし、それだけはないのが釜山の海の魅力です。釜山南部にある五六島(オリュクド)は海に浮かぶ小島が潮の満ち引きによって5つにも6つにも見えることからその名の由来となりました。切り立った崖の上にあるガラス張りの「五六島スカイウオーク」からは晴天の日には眩しいばかりの青い海と空、そして岩場に打ちつける波など雄大な自然の姿を満喫することができます。また、スカイウオークに隣接したヘマジ公園から見える海はもちろん、季節の花々が咲き、その美しい姿には感動すら覚えます。五六島で釜山の海の魅力を肌で感じてください。

青空と海が美しい五六島。自然を肌で感じよう。

DATA ▶MAP/P145-C4

🏠 부산광역시 남구 오륙도로 137 (137, Oryukdo-ro, Nam-gu, Busan, 48594)
休 なし(天候などによって閉鎖の場合もあり) 🕘 9:00～18:00(スカイウオークへの入場は17:50まで)
料 無料 📷 なし 🚇 釜山地下鉄2号線・慶星大/釜慶大(Kyungsung Univ/Pukyong Nat'l Univ)駅より24番、27番または131番のバスで終点下車(約30分)、タクシーで約18分

Busan

해운대
Haeundae

海雲台エリア

| MAP/ P151 |

釜山の最先端のトレンドが集中するエリアが、東部にある海雲台（ヘウンデ）。
国内外から多くの観光客が訪れる釜山を代表するビーチです。
このエリアは、常にエネルギッシュな活気に満ち溢れています。

Discover Marine City area

マリンシティーから海雲台海水浴場まで歩こう

高層ビルが立ち並ぶマリンシティーから、海雲台海水浴場にかけては見どころ満載です。
おしゃれなカフェやレストランもあり、リゾート気分が味わえます。

スカイラインが魅力のマリンシティーと、散策が楽しくなる冬柏島

マリンシティーは海を埋め立てた開発地域。2000年代初めから高層ビルの建設が始まり、現在のようなスカイラインが出来上がりました。72階までのアイパークや、80階までの斗山ウィーブ・ザ・ジェニスは、地域のランドマークとして有名です。また海際の歩道には「海雲台映画通り」があります。名だたる俳優や監督たちの手形や、映画のパネルなどが展示され、映画好きの好奇心をくすぐるでしょう。また冬柏島には、散策路が充実しています。自分だけの写真スポットを見つけてみましょう。

1

映画をモチーフにした約800mの歩道。映画俳優の手形や韓国映画のパネルやオブジェなどが展示されており、韓国映画好きは必見。記念撮影の定番スポットでもある。

2

マリンシティーを海沿いに進むと、右手に広安大橋が見える。夜はライトアップされ、「ダイアモンドブリッジ」と呼ばれている。昼間は、五六島や天気がよい日には日本の対馬も見える。

3

本店(→P.124)同様、おいしいコーヒーが飲めるカフェ「モモスコーヒー」。海雲台の海を眺めながらリゾート気分を味わえる。

4

KANGAROO POINT (→P.84)は、マリンシティーで有名なブランチカフェ。テラス席で海を眺めながら1杯飲むのもおすすめ！

5

冬柏島(ドンベクソム)のランドマーク的施設(→P.86)。観光客で賑わう。後方には釜山ウェスティン朝鮮ホテルがある。

6

冬柏島から見たマリンシティーの高層ビル。夜景が映えるスポットでもあるので、写真撮影に来る人も多い。

7

2005年のAPEC会議で使用されたヌリマルAPECハウス。現在は記念館として一般に無料開放されている。内部は首脳会議が行われた会場のほか、各種展示がある。

8

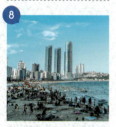

1年中賑わうビーチ。特に夏場はバカンスを楽しむ家族連れや若者で混雑。夜訪れると夜景も楽しめる。

24.
Haeundae

KANGAROO POINT
캥거루포인트
カンガルーポイント

| MAP/ P150-B2 | Cafe & Restaurant |

手前は定番メニューのエッグベネディクト。サラダやパスタ、ステーキ、ライスにデザートまで多様なメニューがある。カジュアルだけど味は本格派。

海のそば！オーストラリアンスタイルのブランチレストラン

オーストラリアンスタイルのカジュアルなブランチが楽しめるお店です。高層マンションが立ち並ぶマリンシティーの海際にあり、緑あふれるテラス席からは青い海を眺めながら食事ができます。インテリアがおしゃれで、まるでオーストラリアにいるような雰囲気を演出。会話が弾むでしょう。また、こちらではビールやハイボールなどのほか、店内ショップでリーズナブルなワインも販売しています。店内で飲む場合はチャージが加算されますが（グラス1杯につき₩5000）、食事がぐっと盛り上がること間違いなし。釜山にいながら異国情緒を味わってみませんか？

1.右はアイスアメリカーノ、左はパッションフルーツ、マンゴー、パイナップルが入ったドリンク「トロピカル」。**2.**店内の様子。**3.**ワインが並ぶ店内ショップ。**4.**屋外のテラス席。

DATA

부산광역시 해운대구 마린시티3로 51 111호(111,51, Marine city 3-ro, Haeundae-gu, Busan, 48118)
051-744-5009　無休　10:00～22:00(ブレイクタイム14:50～17:00)　可
@kangaroo.point

THE BAY 101
더베이 101
ザ・ベイ101

海雲台でリゾート気分を味わおう!

海雲台海水浴場のすぐそば、マリンシティーのランドマーク的な場所。
オープンテラスでくつろいだら、ヨットツアーで広安大橋を真近で見てみませんか?

夜景スポットとしても有名な場所。夜になると現れる、きらびやかな施設の様子は見ものです。
また2階にはベーカリーや雑貨店もあるので、足を運んでみましょう。

DATA ▶ MAP/P150-B2

부산광역시 해운대구 동백로 52 (52, Dongbaek-ro, Haeundae-gu, Busan, 48100)
051-726-8888　店舗による　可
@thebay101_official

THE BAY 101 ヨットクラブ
더베이101 요트클럽
ザ ベイ101 ヨットクラブ

　THE BAY 101の名物アクティビティーがヨットツアー。昼間のツアーは大人で₩1万5000から（平日）。人気の夜間ツアーは、大人1名₩2万5000（土日祝：₩3万）。ライトアップされた夜の広安大橋は圧巻です。釜山旅のフィナーレにおすすめ。施設の入り口にチケット売り場があるので、気軽にチェックしてみては？

　なお、ヨットに少人数や1人で乗りたい方はプライベートヨットツアーもあります（₩15万〜）。

DATA

🕘 9:00〜22:00
金額変動あり。※要確認

CAFÉ SIDE
카페싸이드
カフェサイド

　豆にこだわり、風味豊かなコーヒーとデザート類が人気のカフェです。特に100％生乳で作ったソフトクリームは、口に含んだ瞬間さっぱりとした甘みがやみつきに！ ぜひ試してみてください。

DATA

🕘 8:00〜23:00

FINGERS & CHAT
핑거스앤챗
フィンガース アンド チャット

　THE BAY 101名物のフィッシュ＆チップス（₩2万〜）とビールが楽しめるお店。天気のいい日にはオープンテラスで、マリンシティーの夜景を楽しみながらの1杯は格別です。

DATA

🕘 14:00〜24:00（土日祝12:00〜24:00）

25.
Haeundae

大都食堂

대도식당

テドシクタン

| MAP/ P150-B2 | RESTAURANT |

とろけるお肉を味わえる！最高級の韓国牛専門の焼肉店

　最高級の韓国牛でも、ロースやサーロインが味わえるお店がこちら。THE BAY 101の2階にあります。本店はソウルの往十里（ワンシムニ）にあり、創業半世紀以上の老舗。肉のカットにこだわり、霜降りのロースやリブロースなど、肉と脂肪のバランスがよく、旨味引き立つお肉を提供。目の前で焼いてもらえます。一方「少しお高いかも…？」と思った方にはリーズナブルな朝食メニューもおすすめです。

1. よく煮込んだ韓国牛入りのわかめスープ₩1万1000（朝のみ：7:00〜10:00）。**2.** 脂がのった最高級韓国牛のサーロインは150gあたり₩4万6000。**3.** カクテキチャーハンも人気。**4.** パムッチム（ネギの辛み和え）とお肉がよく合う。

DATA

🏠 부산광역시 해운대구 동백로 52, 2층 (2 Floor, 52, Dongbaek-ro, Haeundae-gu, Busan, 48100)
📞 051-726-8888　㈶ なし　🕐 7:00〜22:00　💳 可
📷 @daedo1964_official

26.
Haeundae

巨大カルビ

거대갈비
コデカルビ

| MAP/ P151-C2 |　**RESTAURANT**　|

味とサービスに大満足！上位0.01%という最高級韓牛のお店

　韓牛(ハヌ)(韓国産の牛肉)専門の人気店。本館と徒歩数分の位置に別館があります。韓牛は「1++、1+、1、2、3」に区分されますが、こちらで提供するのは最上級(1++)。脂肪分が高く、ふんわりとしたお肉が好きな人におすすめです。店員さんが親切で、1枚ずつ丁寧に焼いてくれます。また別館とはほかに、1++の韓牛を使用したコムタンの名店「巨大コムタン」も展開中。昼時はどちらも混み合います。

1.スペシャルランチのカルビは1人前200g ₩5万3000〜(写真は2人前)。豊富なおかずと食事(冷麺、ビビン冷麺、テンジャンチゲより選択)もついてくる。2人前より注文可。2.徐々に広がるお肉の香ばしい香り。3.お肉によく合うおかず。4.スペシャルランチの冷麺。5.本店の外観。

DATA

🏠 부산광역시 해운대구 달맞이길 22 (22, Dalmaji-gil, Haeundae-gu, Busan, 48099)
📞 051-746-0037　休 なし　🕐 11:30〜22:00(ブレイクタイム/15:00〜17:00)　C 可
📷 なし

27.
Haeundae

パダマルチョンボクチュク

바다마루전복죽
パダマルチョンボクチュク

| MAP/ P151-C2 | **RESTAURANT** |

ダシが利いた深い味わいがたまらないアワビ粥(中・₩1万3000)。

アワビがたっぷり！濃厚で贅沢な味わいのアワビ粥

　韓国は実はお粥の種類が豊富にあり、その中でもアワビ粥はその代表格とも言えます。海雲台ビーチの少し外れにある「パダマルチョンボクチュク」は老舗の食堂として知られています。店内はこぢんまりとしていますが、アワビ粥を味わおうと朝早くから訪れる人も多く、行列で待たされることもしばしば。それでもやわらかいアワビがたっぷり入った濃厚なお粥を食べると、人気である理由が納得できます。アワビ粥と一緒に出されるカクトゥギやニラキムチもお粥に合います。アワビ粥のほかにもアワビの刺し身や、日本では珍しいエボヤのヘジャングクもあります。

1.新鮮なアワビの刺し身(小・₩3万)。 2.エボヤのヘジャングクは栄養たっぷり。(₩1万1000)。 3.たっぷりのアワビ。滋養強壮にも良い。 4.カクトゥギやニラキムチなどおかずもアワビ粥との相性抜群。 5.昼時を外して行くとゆっくり食べられる。 6.海雲台のエルシティーから近く、ビーチからも徒歩で行ける距離にある。

DATA

住 부산광역시 해운대구 달맞이길62번길 7 (7, Dalmaji-gil 62beon-gil, Haeundae-gu, Busan, 48098)
☎ 051-746-0397　休 水曜　営 7:00〜20:30(ブレイクタイム15:00〜16:00、L.O.20:00)　C 可
なし

28.
Haeundae

イェイジェカルビ

예이제갈비
イェイジェカルビ

| MAP/ P151-C2 | **RESTAURANT** |

ランチ特選メニューのプルコギトルソッパッ定食は2人前から注文が可能で₩3万9000(1人前)。

食器から食材までこだわり抜いた絶品料理の数々

　イェイジェカルビは、海雲台のビーチやパラダイスホテルからも近く、韓家をイメージした店内には伝統工芸が飾られ、テーブル席のほか、広い座敷席や個室もあり、ゆったりと食事を楽しめます。

　過去には優良なレストランに贈られる大統領賞も受賞しました。新鮮な食材に素材の味が生きたおかずなど、オーナーの料理へのこだわりと愛情そして、料理の1つ1つに美意識が感じられます。慶事の集まりや接待に利用される高級店としてのイメージが強いですが、定食のランチメニュー（₩1万7000～）もあります。

1.野菜を中心とした多彩なおかず。　2.本格的かつ高級感のある韓国料理を味わえる。　3.韓国料理のスープの中でも王道と言えるカルビタン（₩2万4000）。プラス₩5000でアワビも追加できる。　4.食後のスジョンガと果物。優しい口当たり。

DATA

🏠 부산광역시 해운대구 해운대해변로298번길 24 팔레드시즈 2층 (2nd Floor 24, Haeundaehaebyeon-ro 298beon-gil, Haeundae-gu, Busan, 48099)　📞 051-746-9933　🈚 なし
🕛 12:00～22:00（ブレイクタイム15:00～17:00）　💳 可　📷 なし

Column.6

韓国で人気の日本食って？

韓国で日本食が流行っていることをご存じですか？
コリアンスタイルになってもおいしい日本グルメを紹介！

釜山の街中を散策していると、あちらこちらに日本食のお店の看板があることに気づくでしょう。よく見かけるのが「しゃぶしゃぶ」「やきとり」「らーめん」「天丼・どんぶり」、それから「お寿司」。特にしゃぶしゃぶは、辛い鍋があったり、うるち米のお餅（トック）や釜山名物のおでんがついていたりと、コリアンスタイルが楽しめます。また天丼は、カリッと揚げた天ぷらに甘醤油をしみ込ませたものが人気。天ぷらを立てるように盛り付けた、ボリューミーなどんぶりを提供するお店もあり、食欲をそそります。このようなグルメが韓国人の舌を虜（とりこ）にしているのです。釜山旅で、あえて地元民に支持されている日本料理を試すのも面白いでしょう。

お寿司は韓国でも定番の日本食。

天丼屋さんでは、甘醤油たっぷりの天ぷらが美味。

「様正」のしゃぶしゃぶには、韓牛（ハヌ）のお肉のほか、おでんやお餅（トック）も入る。食べ放題メニューには、韓牛のユッケもついてくる。

釜山で人気のしゃぶしゃぶ店はこちら！

様正
사마정／サマジョン

DATA ▶MAP/P150-B2

부산광역시 해운대구 마린시티3로 46, 204호
(204, 46 Marine city 3-ro, Haeundae-gu, Busan, 48119)
0507-1405-7784　休なし　11:00〜22:30　C可
なし

29.
Haeundae

OFF ON

오프온

オプオン

| MAP/ P151-C1 |　　CAFE　　|

ヘリダンギルにあるお洒落なブランチカフェ

　朝9時から営業しているブランチカフェがこちら。サンドイッチやサラダを中心に、手軽に楽しめるブランチメニューを提供しています。人気メニューは「OFF ONサンドイッチ」や、アラビアンシチュー「エッグインヘル」。季節のフルーツ入りのパンナコッタもあり、コーヒーによく合います。また、お洒落なインテリアも要チェックです。人気店でもあるので、混みやすいお昼時を避けて訪れてみましょう。

海雲台

1.ピリ辛のトマトソースがやみつきになる「エッグインヘル」₩1万6000。 2.サンドイッチメニューもおいしい。 3.気の利いたお洒落なインテリアは写真が映える。 4.こぢんまりとした外観。 5.この看板が目印。

DATA

부산광역시 해운대구 우동1로38번길 12, 1층 2호 (12, Udong 1-ro 38beon-gil, Haeundae-gu, Busan, 48087)　0507-1361-6058　不定休　9:00〜18:00　可
@offon_busan

Discover around Haeundae station

若者が集まる海雲台駅周辺を見てみよう

海雲台駅を出て北へ行くと海理団通り(ヘリダンギル)、
南へ行くとは亀南路(クナムロ)文化広場があります。
海雲台伝統市場もあり、観光や憩いの場としてにぎわっています。

徒歩で回れる見どころ満載エリア

地下鉄2号線、海雲台駅の周辺は、いつも若者と観光客でにぎわっています。それもそのはず、駅の北側「ヘリダンギル」は、戸建て住宅をお洒落に改装したカフェや飲食店、雑貨屋さんが多く、SNSでも話題の地域。そして駅の南には、海雲台海水浴場まで続く「クナムロ文化広場」があります。こちらもさまざまな飲食店やショップ、バーなどがある繁華街です。また、1年を通して季節のイベント(→P.78〜79)も開催されています。また、路地に入ると海雲台伝統市場もあるので、韓国のB級グルメを満喫できますよ。おやきのような屋台の定番スイーツ「ホットク」もあり。

旧海雲台駅の駅舎。現在は、「海雲台市民アトリエ」として展示スペースがある。

海理団通り（ヘリダンギル）の中心地。周辺にはカフェや飲食店が立ち並ぶ。

朝9時からオープンのOFF ON（→P.95）は、は、ヘリダンギルで有名なブランチカフェ。

クナムロ文化広場に面したコスメショップ「AMORE BUSAN」（→P.98～99）。

市場の定番B級グルメといえば、トッポキとおでん。海雲台伝統市場には、行列ができるお店もあるので要チェック！

30.
Haeundae

AMORE BUSAN
아모레 부산
アモーレブサン

| MAP/ P 151-C2 |　　**SHOP**　　|

韓国コスメを十分に体験できるショップ

　韓国化粧品メーカーの大手「AMORE PACIFIC（アモーレパシフィック）」のフラッグシップストア「AMORE聖水（ソンス）」の姉妹店がこちらです。店内には主力のブランドが揃っており、自由にさわって購入もできます。釜山店では、聖水店で実施の予約制のメイクアップレッスンなどはありませんが、尋ねればスタッフが丁寧に応対してくれます。また店内には選べる無料サンプルが充実しており、商品を購入する場合、免税手続きも可能。海雲台の中心地である亀南路（クナム路）にあるので、観光と買い物を両立したい方にもおすすめです。

AMORE BUSANでは化粧品だけでなくオリジナルグッズも販売中。ギフトにもおすすめ。

1.店内の様子。 **2.**「サンプルマーケット」コーナーでは、商品の無料サンプルが選べる。 **3.**親切なスタッフ。お願いすると簡単にメイクもしてくれる。 **4.**グリーンカラーとハートが際立つ外観。

DATA

부산광역시 해운대구 구남로 36 (36, Gunam-ro, Haeundae-gu, Busan, 48094)
051-747-8602　月曜　12:00～22:00　可
なし

31.
Haeundae

ビビビ堂

비비비당
비비비당

| MAP/ P 151-D2 |　　**CAFE**　　|

「カップルセット」(₩3万3000)。宝石のように美しい伝統菓子と鮮やかな色彩の伝統茶とパッピンス(かき氷)というコンビネーション。

海を一望できる丘に佇む伝統カフェでの至福の時間

　釜山を代表するビーチリゾート・海雲台に隣接する「タルマジ(月見の丘)」にある伝統茶とスイーツが楽しめるカフェです。落ち着いた雰囲気と客席からの海の景色はまさに至福の時間と言え、旅の疲れも癒やしてくれることでしょう。メニューの多くは各種伝統茶にスイーツが1品という内容になっていますが、一番のおすすめは9種類の伝統菓子と伝統茶、パッピンス(かき氷)の「カップルセット」というメニュー。伝統菓子はひと口サイズで食べやすく、甘さも控えめです。また、日本語のメニューもあり、各伝統茶の特徴や効能の説明もされています。

1.今回選んだのは菊花茶(クッカチャ)。さっぱりした味わいで安眠やリラックス効果があるといわれている。　**2.**メニューに迷ったらお店の人が説明をしてくれるので聞いてみよう。　**3.**建物の4階にある。2階はコーヒーショップのため間違いないように注意。　**4.**客席からの青い空と海のパノラマは感動的。

DATA

🏠 부산시 해운대구 달맞이길239-16 4층 (4 th floor, 239-16, Dalmaji-gil, Haeundae-gu, Busan, 48115)
📞 0507-1326-0706　休 なし　🕙 10:30〜21:30(土日は22:00まで)　C 可
📷 @bibibidang_official

32.
Haeundae

海雲台ブルーラインパーク
ミポ停留所
해운대 블루라인파크 미포정거장
ヘウンデブルーラインパーク ミポチョンゴジャン

| MAP/P151-C2 |　**ACTIVITY**　|

海の景色を堪能！乗り物型のアトラクション

「海雲台（ヘウンデ）ブルーラインパーク」は、尾浦（ミポ）から松亭（ソンジョン）までを結ぶ観光アトラクション。鉄道の廃線区間を利用した「海岸列車」と、7～10m高い位置にある4人乗りのモノレール「スカイカプセル」の2つがあります。海岸列車は、座席が海向きのため外を眺めやすく、タリットル展望台や青沙浦（チョンサポ）などで下車して散策するのもおすすめです。松亭はお洒落なカフェやレストランも充実しています。プライベートな空間が魅力のスカイカプセルは尾浦・青沙浦間で運行しています。まるで空中散歩のような乗車体験が人気です。

1.運行中の海岸列車。 2.海岸列車から海雲台の海を望む。遠方に広安大橋が見える。 3.スカイカプセルの青沙浦（チョンサポ）乗り場。4.スカイカプセルを眺めながら和む。

青沙浦(チョンサポ)周辺で海岸列車が通過する様子。アニメ「スラムダンク」のオープニングに似ているということで有名になった。

DATA

부산광역시 해운대구 달맞이길62번길 13 미포정거장 (13, Dalmaji-gil 62beon-gil, Haeundae-gu, Busan, 48098)　051-701-5548　無休　9:00〜終了時間は時期による　可
@bluelinepark

33.
Haeundae

水月鏡花

수월경화

スウォルギョンファ

| MAP/ P151-D1 |　　**CAFE**　　|

左から、人気の最中やフィナンシェが入ったセット「タルボドゥレボックス」₩1万3000。ハイビスカスとライチの爽やかなドリンク「ブノンドファ」₩8000。ほうじ茶と黒糖のコラボが楽しめる「ヒョノォルホジ」₩8500。

韓国の伝統茶が楽しめる！写真が映える人気カフェ

　景色が美しい伝統茶カフェがこちら。海雲台ブルーラインパークの松亭乗り場からほど近く、店内からは松亭海水浴場へ行き来する海辺を走る観光列車を眺められます。お店の魅力は韓屋風インテリアとオリジナルブレンドの伝統茶、そしてスイーツメニュー。建物の入り口から4階の店内まで写真映えスポットが点在しています。また韓国のドリンクとスイーツを、誰にでも受け入れられるようにアレンジ。もちろん、伝統茶のシッケ（甘米汁）やサンファ茶（双和茶）も選べます。なお、3階の「リチュアル・オブ・水月鏡花」ではティークラスも開催中（予約制）。

1.写真映えする個室。 2.ティークラスが開催される3階からも見える観光列車。 3.抹茶アイス最中も人気メニューの1つ。 4.高い天井のウッドシーリングが韓国の伝統家屋を連想させてくれる店内。

DATA

부산광역시 해운대구 송정중앙로6번길 188, 4층 (188, Songjeongjungang-ro 6beon-gil, Haeundae-gu, Busan, 48073)　0507-1327-8450　休 なし　11:00〜20:30　C 可
@swgh_official

34.
Haeundae

ミポクッチブ

미포끝집
ミポクッチブ

| MAP/P151-C2 | **RESTAURANT** |

貝焼きの貝はホタテ、アワビ、タイラギなど。ボリュームたっぷりの量。
小(2人前)で₩6万、中(3人前)₩8万、大(4人前)₩10万

絶景と波音を独り占め。新鮮な海の幸を心ゆくまで味わおう

　釜山に来たらやっぱり食べたいのが海鮮料理。刺し身に、貝焼き、海鮮鍋など様々な料理がありますが、海雲台のミポにあるミポクッチブでは絶景に加えて新鮮で生きのいい貝や刺し身の海鮮を味わえます。

　店のすぐ前には海が広がり、季節や気候が良ければ屋外のテラス席で食事もできます。何よりも、店から望む海や、サンセット、海雲台の高層ビル群の夜景はとても美しく、それだけでとてもテンションが上がります。貝焼きも刺し身も小サイズながらボリュームたっぷり。「釜山のグルメを極めた」という気分になること間違いなしです。

1.刺し身がメインのミポスペシャルは1人あたり₩6万〜。**2.**エビやカニ、貝などの具がどっさり入り、ダシが利いた海鮮ラーメン（₩8000）もどうぞ！　**3.**店の目の前は海で美しい釜山の海や夕焼け、夜景を堪能できる。**4.**最高のロケーションと海の幸を求めて多くの人が訪れる。

DATA

🏠 부산광역시 해운대구 달맞이길62번길 77 (77, Dalmaji-gil 62beon-gil, Haeundae-gu, Busan, 48098)
📞 0507-1331-0969　休 なし　🕐 11:30〜翌1:00(L.O.24:00)　C 可
📷 @mipokkeutjib

35.
Haeundae

GORILLA BEACH
고릴라비치
ゴリラビーチ

| MAP/ P151-C2 | **BAR** |

売れ筋のビール「Gorilla IPA」(₩9000)にはチキンがよく合う。
K-DAK(Fried Chicken)₩2万5000。

釜山を代表するブルワリーのビールが味わえるパブ

　海雲台海水浴場沿いにあるパブで、クラフトビールのブルワリー「GORILLA BREWING Co.」のビールを提供しています。豊かなフレーバーが特徴のビールを醸造する釜山ブランドです。パブには約10種類のビールがあり、好みに合った1杯を見つけるのも楽しいものです。メニューにはそれぞれ、味について説明書きがあるので選びやすいでしょう。またフィッシュ＆チップスやチキンなど、ビールに合うフードメニューも充実。中でも、ビールとチキンの組み合わせは「チメク(치맥)」と呼ばれるほど一般的なので、旅の思い出にいかがですか？

1.繊細な泡が特徴のクラフトビール。 2.チキンに甘辛のソースをつけて食す。 3.店内の様子。まるでイギリスのパブにいるよう。 4.テラス席では海を眺めながらお酒を楽しめる。 5.夜遅くまでにぎわう。

DATA

🏠 부산광역시 해운대구 달맞이길 30 포디움동 1층 1041호(1041, 30, Dalmaji-gil, Haeundae-gu, Busan, 48099)　📞 0507-1399-6258　休 なし　🕛 12:00〜24:00(金土 25:00)　C 可
📷 @gorilla_beach_

36.
Haeundae

海雲台参鶏湯

해운대삼계탕

ヘウンデサムゲタン

| MAP/ P151-C2 | **RESTAURANT** |

40年以上変わらない味を守り続ける、地元民が通う参鶏湯の老舗

　コラーゲンたっぷりの体に優しいスープと、柔らかい鶏がやみつきになる参鶏湯の名店。鶏はまるごと1羽が入っており、そこにニンニクやもち米が素朴な味わいを醸し出します。注文するとカクテキやサムジャンがついてくるので、アレンジして好みの味わいをみつけてみては？
　メニューは基本の参鶏湯(₩1万6000)、紅参入り(₩2万)、土種(₩1万8000)の3種類から選べます。体をいたわりたい方におすすめ！

1. ぐつぐつ煮込んだ熱々の参鶏湯₩1万6000。 **2.** 鶏の砂肝(すなぎも)もついてくる。コリコリ食感にハマる。 **3.** 店内の様子。左手には自家製の薬酒がずらり。 **4.** 店舗にはここから入る。

DATA

🏠 부산광역시 해운대구 달맞이길 6 (6,Dalmaji-gil,Haeundae-gu,Busan, 48099)
📞 051-747-3368　🗓 不定休　🕘 9:00～22:00　💳 可
📷 なし

Busan

기장군
Gjang
機張エリア

| MAP/ P149 |

かつてはのどかな漁村であった機張（キジャン）ですが、近年では再開発が進み、テーマパークやアウトレットモールがオープンするなど変貌を遂げています。また、歴史的な寺院「海東龍宮寺」や、初日の出の名所としても有名です。

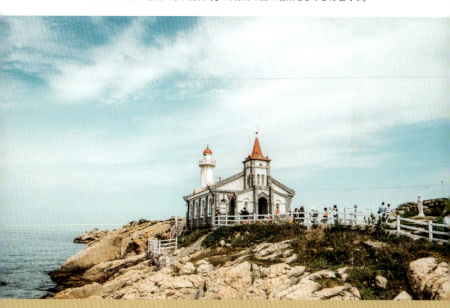

37. Gijang

ロッテモール東釜山店

롯데몰 동부산점
ロッテモールトンプサンチョム

| MAP / P149-B3 | **SHOP**

韓国最大規模のアウトレット&ショッピングモール

オシリア観光団地にあるショッピング施設です。プレミアムアウトレットとモールがあり、国内外のブランドが集まっています。アウトレット施設では、免税購入にも対応。購入時にスタッフに確認し、ラウンジで手続きをしましょう。モールには、若者世代に人気の韓国ブランドが入店しているので、ファッション好きは必見です。また、手軽なお土産や調味料などを探す場合は、モール内にあるロッテマートにも足を運ぶことをおすすめします。ほかに映画館やレストランもあり、1日中楽しめます。とにかく広いので、時間に余裕をもって回りましょう。

機張エリアにあるロッテモール東釜山店(プレミアムアウトレット)。周辺にはロッテワールドアドベンチャー釜山やIKEAもある。

1.海が見える大型のショッピングモール。**2.**ラウンジの様子。「TAX REFUND」を目印に訪れよう。
3.サンドイッチがおいしいモール1階のベーカリー。**4.**ブランド店舗が並ぶアウトレット。**5.**プレミ
アムアウトレットの一画。

DATA

🏠 부산광역시 기장군 기장읍 기장해안로 147 (147, Gijanghaean-ro, Gijang-eup, Gijang-gun, Busan, 46084)
📞 1577-0001　休 なし　🕐 10:30〜20:30(週末21:00)　C 可
📷 @lotteoutlets_dongbusan

38.
Gijang

ロッテワールドアドベンチャー釜山

롯데월드 어드벤처 부산

ロッテワールドアドベンチャープサン

| MAP/ P149-B3　　**ACTIVITY** |

景色もスリルも満点！海が見えるテーマパーク

2022年3月に開園した大型のテーマパークがこちらです。「童話の中の王国」をテーマに、17種のアトラクションとパレードが楽しめます。東海線オシリア駅1番出口から徒歩圏というアクセスのよさも魅力です。周囲にはロッテモール東釜山店もあるので、買い物も満喫できること間違いありません。チケットは1日券(大人：₩4万7000)と、午後3時からのアフター3(大人：₩3万6000)があります。

1.ロッティ＆ローリーは、ロッテワールドのメインキャラクター。**2.**スリル満点の「ジャイアントスイング」。**3.**夜は花火やナイトパレードも行われる(日時要確認)。**4.**豪快な水しぶきが涼しげな絶叫系アトラクション「ジャイアントスプラッシュ」。

DATA

🏠 부산광역시 기장군 기장읍 동부산관광로 42 (42, Dongbusangwangwang-ro, Gijang-eup, Gijang-gun, Busan, 46083)　☎ 1661-2000　🚫 なし　🕙 10:00～20:00(土日祝21:00)　💳 可
📷 @lotteworldbusan

機張

기장
キジャン

自然と情緒あふれる機張でヒーリングを

釜山の郊外にある機張(キジャン)。近年では再開発が進み、釜山市内から直通の電車が開通。アクセスが便利になったほか、有名ホテルや大手ショッピングモールが進出するなど目覚ましい変化を遂げています。それでもまだまだ豊かな自然とのどかな情緒が残されています。このエリアの代表的なスポットは海東龍宮寺(ヘドンヨングンサ)。雄大な海に突き出すかのように立つその姿は優美かつ圧巻です。また、この地は景色の美しさから数多くのドラマや映画のロケ地にも選ばれてきました。

ほかにも、ズワイガニをはじめ、海鮮の店の呼び込みや、魚介類を売る市場の屋台が出るなど、海の街・釜山らしい光景を目にできます。

海東龍宮寺

해동용궁사／ヘドンヨングンサ

青空と海、切り立った岩とともに荘厳に立つ海東龍宮寺。

DATA ▶ MAP/P149-B3

住 부산광역시 기장군 기장읍 용궁길 86(86, Yonggung-gil,Gijang-eup,Gijang-gun,Busan, 46083) 電 051-722-7744(代) 休 なし 営 4:30～19:20(入場は18:50まで)

ヨンファリ屋台村

연화리 포장마차촌
ヨンファリポジャンマチャチョン

のどかな漁村の雰囲気が漂う市場。

DATA ▶ MAP/P149-B2

住 부산광역시 기장군 기장읍 연화1길 184 (184, Yeonhwa 1gil, Gijang-eup, Gijang-gun, Busan, 46082) 休 水 営 9:00～18:00

竹城聖堂

죽성성당／チュッソンソンダン

元はドラマのロケセットとして建てられたものが観光名所化した。

DATA ▶ MAP/P149-B2

住 부산광역시 기장군 기장읍 죽성리 134-7 (134-7, Jukseong-ri, Gijang-eup, Gijang-gun,Busan, 619906) 電 051-709-4084(代) 休 なし 営 24時間(内部は非公開のため外観のみ)

39. Gijang

CORALANI
코랄라니
コララニ

| MAP/ P149-A3 |　　CAFE　　|

目の前に広がる青い海！写真が映える絶景カフェ

　機張郡にある海際の大型カフェ。広大な海を眺めながら旅の余韻にひたれます。カフェは1〜4階までありますが、1階以外はノーキッズゾーンのため、大人が静かにくつろげます。また、屋外のテラス席やルーフトップ（屋上）は、SNSの写真スポットとしても話題。フォトゾーンもあるので、釜山旅の思い出の1枚を撮っておきたい人にもおすすめです。もちろんベーカリーのパンやケーキも絶品。カフェは、ショッピングモール「ロッテモール東釜山店」より徒歩でもアクセスできる距離のため、食事やショッピングの後に立ち寄ってもよいでしょう。

1.サンゴ礁を連想させてくれる外観。カフェは1〜4階までと広い。**2.**1〜2階は吹き抜けになっている。**3.**ルーフトップにあるソファ。まるで南国リゾート。

チョコクロワッサンといちごパイ。ベーカリーも景色と同じように妥協しない。テラス席でゆっくりカフェタイムはいかが？

DATA

🏠 부산광역시 기장군 기장읍 기장해안로 32 (32, Gijanghaean-ro, Gijang-eup, Gijang-gun, Busan, 46084)
☎ 051-721-6789　休 なし　🕙 10:00〜22:00　C 可
📷 @cafecoralani

117

Column.7

おすすめコスメ5選をチェック!

美容大国、韓国では優れたスキンケアコスメが豊富です。
お土産にもおすすめのアイテムを少しだけ紹介します。

部分パック

目の下のクマやくすみの悩みに効く部分パックは、集中的なケアにおすすめです。
→P.98 AMORE BUSAN

フェイスマスク

韓国にはコスパのよいフェイスマスクが豊富にあります。中でも、スネイル(カタツムリ)パックと、アロエパックは定番です。化粧品メーカー各社から販売されているので、試してみましょう。まとめ買いをして、友人に配るのもおすすめです。

リップマスク

唇が乾燥しがちで、リップクリームをマメに付け直さなければならない方におすすめの夜用リップマスク。寝る前につけて、朝までしっとり感を持続します。
→P.98 AMORE BUSAN

肌に優しい日焼け止め

お肌のトーンをアップする日焼け止めは、年中を通して活躍するアイテム。塗ったときにピリピリしない日焼け止めが増えています。
→P.98 AMORE BUSAN

パウダーパクト

皮脂が多く、フェイスのTゾーンのテカリなどが気になる方におすすめなのがパウダーパクトです。サラサラ感が続きます。
→P.98 AMORE BUSAN

Busan

동래・부산대
Dongnae・Geumjeong
― 東莱・釜山大エリア ―

| MAP/P151 |

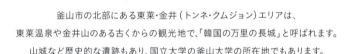

釜山市の北部にある東莱・金井(トンネ・クムジョン)エリアは、東莱温泉や金井山のある古くからの観光地で、「韓国の万里の長城」と呼ばれます。山城など歴史的な遺跡もあり、国立大学の釜山大学の所在地でもあります。

Pick up Spot 8

釜山大学
부산대학교
プサンデハッキョ

ショッピングに食べ歩き、釜山大学を歩く

釜山大学は若者たちの街でもあり、ファッションやグルメなどを楽しみながら流行を知ることもできます。また、キャンパスは山に囲まれ豊かな自然にも恵まれています。

広大なキャンパスをもつ釜山大学の周辺は学生街として発展してきました。大学正門のすぐ隣には大手アウトレットデパートのNC百貨店があるほか、駅から大学につながる通りには若者向けのスタイリッシュなファッションや雑貨、アクセサリーのお店も。さらにおしゃれなカフェやコスパのいい食堂や屋台など、さまざまなお店が集まっていてショッピングや食べ歩きを楽しむことができます。また、釜山大学からさらに足を延ばしたところにある梵魚寺（ポモサ）もおすすめです。

国の文化財にも指定されている梵魚寺は、韓国の伝統的な建築様式で建てられ、金井山の自然に溶け込んだその荘厳な佇まいは印象的です。

左／若者の流行を垣間見れる釜山大通り。
右／自然豊かな梵魚寺まで足を延ばして散策するのもオススメ。

釜山大学
부산대학교／プサンデハッキョ

DATA ▶MAP/P151-D3

住 부산광역시 금정구 부산대학로 63번길 2(2, Busandaehak-ro 63beon-gil, Geumjeong-gu, Busan, 46241) 電 051-512-0311(代) 交 釜山地下鉄1号線・釜山大(Busan Univ)駅3番出口より徒歩5分

梵魚寺
범어사／ポモサ

DATA ▶MAP/P144-B1

住 부산광역시 금정구 범어사로 250(250, Beomeosa-ro, Geumjeong-gu, Busan, 46200) 電 051-508-3122(代) 休 なし 時 8:00～17:00 交 釜山地下鉄1号線・老圃(Nopo)駅2番出口より90番のバスで범어사 매표소(Beomeosa Ticket Ofiice)下車またはタクシーで約15分

Pick up Spot 9

金剛公園 ケーブルカー
금강공원 케이블카
クムガンコンウォンケブルカ

歴史と自然が息づく東萊温泉・金井山

海ばかりではない、多くの山にも恵まれている釜山。その1つが金井山（クムジョンサン）であり、また麓には東萊温泉（トンネオンチョン）もあります。

釜山市の北東部に位置する東萊温泉（トンネオンチョン）は、李氏朝鮮時代に最初の温泉施設がこの地に造られ、日本の統治時代に多くの日本人が居住。本格的な温泉街としてその基盤が築かれました。現在でも沐浴場（モクヨクタン）と呼ばれる入浴施設を備えた宿泊施設も多くあります。また、東萊別荘と呼ばれる日本家屋の邸宅が現在でも高級韓定食の料亭として使われるなど、日本との関わりも深い土地です。

さらに、東萊温泉は有名な登山スポットでもある金井山（クムジョンサン）の麓にあり、1年を通じて多くの登山客が訪れます。ロープウエーで登ることもでき、山頂から望む釜山の街並みを楽しめます。

左・右上／金井山の山頂にはロープウェイでも行け、釜山の街並みを一望できる。
右下／東萊温泉では、温泉だけではなくウナギやカルグクスといった食堂も多い。

DATA ▶ MAP/P151-C3

- 부산광역시 동래구 우장춘로 155 (155, Ujangchun-ro, Dongnae-gu, Busan, 47700)
- 051-860-7800（代）　なし（天候などによって閉鎖の場合もあり）　月～金／9:30～17:30、土～日／9:30～18:00（季節によって変動あり）　大人往復￦1万1000、片道￦7000、子ども（4歳～小学生）￦8000、片道￦5000、シニア往復￦9000、片道￦6000　なし
- 釜山地下鉄1号線・温泉場（Oncheonjang）駅1番出口より徒歩15分、またはタクシーで約7分

40.
Dongnae・Geumjeong

ソムンナン30年伝統ソンカルグクス

소문난30년전통손칼국수
ソムンナンサンシブニョンチョントンソンカルグクス

| MAP/ P151-D3 | **RESTAURANT** |

丹精こめた手打ち麺と煮干しダシの旨味を味わう

　釜山の登山スポットとして有名な金井山(クムジョンサン)の麓にある温泉場(オンチョンジャン)は週末を中心に多くの登山客でにぎわいます。そして、温泉場のグルメ通りとして有名なのが「カルグクス通り」。カルグクスとは朝鮮半島で食べられる麺の1種。数あるカルグクス店の中で「ソムンナン30年伝統ソンカルグクス」はその名の通り、この地で長年、人気店として愛されてきました。麺も自家製で、煮干しでしっかりダシをとったスープはコクの深い旨味が利いています。また、カルグクスの相棒として欠かせないのが、キムチと韓国風海苔巻きのキンパッです。

カルグクス(₩7000)。ダシの利いた熱々のスープとコシのある麺の味わいがたまらない。

1. 夏季限定の冷キムチカルグクス（₩8000）。キムチのさっぱりとした酸っぱさがクセになる。 **2.** 豊富な具材のキンパッはカルグクスに欠かせない相棒（₩3500）。 **3.** 奥に座敷席もある店内。昼時は混雑するため、相席を求められることも。午前中か昼食時間のピークを過ぎるとゆったり座れる。 **4.** 店名の「ソムンナン」は「噂の」という意味。長年、人気店として地元の人が多く通う。

DATA

🏠 부산광역시 동래구 온천장로119번길 14 (14, Oncheonjang-ro 119beon-gil, Dongnae-gu, Busan, 47708)
📞 051-553-5179　休 なし　🕐 8:30〜20:30　💳 可
📷 なし

41.
Dongnae・Geumjeong

momos coffee 本店
모모스커피 본점
モモスコーヒーポンチョム

| MAP/ P151-D3 |　**CAFE**　|

コーヒーの香りと風味が楽しめる！釜山を代表するカフェ

温泉場(オンチョンジャン)駅の2番出口近くにあるこちらは、コーヒーの中でも質の高いスペシャリティコーヒーを提供する有名店。2007年のオープン以来、おいしいコーヒーを追求しながら地域で愛されてきました。2019年には、バリスタのチョン・ジュヨンさんが、バリスタの世界大会である、ワールドバリスタチャンピオンシップで優勝。一躍有名になりました。現在は影島と海雲台にも店舗があります。産地より良質の豆を直輸入し、繊細な香りと風味のコーヒーを提供しています。バリスタが丁寧に入れてくれる特別な1杯を体験してみませんか？

カフェの席は建物の1階、2階と奥庭のオープン空間にもある。天気のよい日に訪れたい。

1.カプレーゼサンドイッチと本日のコーヒー。この日は「エチオピア・イルガチェフェ」。2.バリスタが丁寧に抽出してくれる。3.バリスタの世界チャンピオン、チョン・ジュヨンさん。4.庭から見たカフェの建物。テラスもある。5.開放感のある2階席。6.カフェの外観。

DATA

🏠 부산광역시 금정구 오시게로 20 (20, Osige-ro, Geumjeong-gu, Busan, 46311)
☎ 051-512-0700　休 なし　🕐 8:00〜18:00　C 可
📷 @momos_coffee

Column.8

釜山で流行を追いかけてみよう！

Z世代を中心に次々とグルメやファッションの流行が生み出されるのは韓国も同じ。
旅先で韓国の最新トレンドに触れてみませんか？

韓国はファッションでもグルメでも流行の移り変わりが早いのが特徴です。一度人気に火がつくとあっという間に商品が飛ぶように売れたり、流行に関連した店がオープンします。韓国で今、人気なのがドバイチョコレート。ピスタチオと中東料理で使う麺・カダイフをチョコでコーティングした菓子です。

コンビニ各社もドバイチョコの新商品を続々と発売。しかし人気のあまり入手困難ともいわれています。ソウルや釜山のカフェではドバイチョコレートを販売している店も。韓国の流行を現地で追いかけてみるのも面白いかもしれませんね。

韓国で大人気のドバイチョコレート。
釜山の人気ベーカリーカフェでは発売と同時に毎日多くの客が買い求めに訪れている。

ここも行ってみて

Keveren House
캐버린하우스／ケボリンハウス

DATA ▶MAP/P151-C1

🏠 부산광역시 해운대구 우동1로38번가길 14-5
(14-5, Udong 1-ro 38beonga-gil, Haeundae-gu, Busan, 48087)
📞 051-741-2877　休 なし　🕐 11:00〜18:00　C 可
📷 @keverenhouse

Busan

송도・영도・다대포

Songdo • Yeongdo • Dadaepo

松島・影島・多大浦エリア

| MAP / P150 |

海雲台や広安里のリゾート的なビーチとは対照的に、
自然のままの景観を楽しめるのが、松島（ソンド）・影島（ヨンド）・多大浦（タデポ）です。
季節や気候によっては、長崎県の対馬の島影を見ることができます。

42.
Songdo・Yeongdo・Dadaepo

EL 16.52

EL 16.52

イエルシッユクチョムオイ

| MAP/ P150-A4 |　　**CAFE**　　|

人気の観光スポット「松島海上ケーブルカー」と広大な海が広がる。遠方に見えるのは影島。

ケーブルカーと大型船のオーシャンビューカフェ

　松島の岩南(アンナム)公園そばにある、海が見えるベーカリーカフェです。店舗名のEL 16.52は、海抜16.52mを意味しており、建物の1階の海抜を指しているそう。3階から屋上までのカフェ空間では、大型船や松島海上ケーブルカーなどを眺めながら、ほかにない釜山の風景を楽しめます。また豆の焙煎もしており、カフェでは香り豊かなコーヒーが楽しめるのも魅力です。毎朝焼きあがるパンの種類も多く、バターたっぷりのスコーンやクロワッサンは売り切れ必至！ 松島スカイパークや岩南公園を訪れた際には、立ち寄りたい名店です。

1.パンは毎朝店舗で焼いている。 2.人気のマンゴーヨーグルトクロワッサン₩6500。 3.コーヒーだけでなくトロピカルなドリンクも人気。 4.店内の様子。 5.ユニークな施設の外観。

松島・影島・多大浦

DATA

🏠 부산광역시 서구 암남공원로 177 (177, Amnamgongwon-ro, Seo-gu, Busan, 49276)
📞 0507-1409-8881　休 なし　🕐 10:00〜21:30　C 可
📷 @el16.52_coffeeroasters

43.
Songdo • Yeongdo • Dadaepo

七岩鰻匠
影島店
칠암만장 영도점
チラムマンジャンヨンドチョム

| MAP/ P150-B3 | **RESTAURANT** |

淡水ウナギと穴子から選べるウナギの炭火焼き定食。朝鮮アザミのご飯付き。

健康的な韓国式のウナギと釜飯の専門店

　機張に本店を持つウナギと釜飯のお店がこちら。体に優しい食とおもてなしをコンセプトに、質の高い食事を提供しています。代表メニューはウナギの炭火焼き定食で、メインを淡水ウナギと穴子から選択可。一見日本食のようですが、サンチュに包んで食べるのが韓国風です。釜飯メニューは「アワビと海藻や牛バラ肉の定食」が人気です。最初に釜のご飯を取り皿に移してお湯を投入。メインを食した後、お焦げスープでシメます。桔梗の根を甘く煮詰めた伝統菓子「トラジチョンカ(도라지정과)」もあり。ヘルシーな食事の選択肢としておすすめです。

1.アワビと海藻の釜飯定食。₩2万1000。海藻とアワビにソースをかけ、ご飯をよく混ぜて食べる。 **2.**ナスのそぼろ釜飯定食。₩1万9000 **3.**釜飯のおこげ部分にお湯を注いで食べるのがシメ。 **4.**釜山港が近いこともあり、窓の外の海には船が見える。

松島・影島・多大浦

DATA

🏠 부산광역시 영도구 해양로 247번길 35 피아크 별관 2층 (2nd floor Annex, 35, Haeyang-ro 247beon-gil, Yeongdo-gu, Busan, 49013) 📞 0507-1490-0637 休 なし 🕐 11:00〜21:00 C 可
📷 @chilam_manjang

131

Pick up Spot 10

多大浦海水浴場

다대포해수욕장

タデポヘスヨッチャン

美しい夕日と豊かな自然に心癒やされる

多くのビーチがある釜山ですが、少し足を延ばして自然のありままの姿が感じられるとっておきのビーチを紹介します。

多大浦(タデポ)ビーチは、釜山市の南西部にあり、南浦洞からは35分、西面からは50分と、地下鉄1号線1本でアクセスできます。海雲台や広安里のような観光地化されたビーチではありませんが、多大浦ビーチは「夕日の名所」として名高く、美しい白い砂浜と沈みゆく夕日、波の音が心を癒やしてくれます。夕暮れ時や週末には、ウエディングフォトの撮影を行う姿もよく目にします。また、ビーチの入り口には広場と大きな噴水があり、春から秋の夜間には音楽と光を駆使した噴水ショーが行われています。

ビーチ周辺にはカフェや飲食店も多いので、旅行中に時間があればぜひ足を延ばしてみてください。

1. 美しい夕日のスポットとして人気の多大浦ビーチ。**2.** ビーチだけでなく、自然豊かな光景をたくさん目にすることができる。**3.** 夏場の海水浴だけでなく1年を通じて散策やマリンスポーツを楽しむ人も多い。**4.** 4〜10月の夜間には広場での噴水ショーも行われる。

DATA　　　　　　　　　　　　　　　　　　　　　　▶MAP/P150-A4

- 🏠 부산광역시 사하구 몰운대1길 14 (14, Morundae 1-gil, Saha-gu, Busan, 49527)
- 📞 051-220-5895　休 なし　⏰ 24時間(噴水ショーは4〜10月の月曜日を除く毎日)　📷 なし
- 🚇 釜山地下鉄1号線・多大浦海水浴場駅・2番出口5分

Busan

Healing & Beauty

―― ヒーリング＆ビューティー ――

美容大国として知られる韓国ですが、
釜山でもスパやネイルなどさまざまな美容体験ができるスポットがあります。
スパで、サウナやアカスリを楽しんだり、
ネイルでおしゃれをしてみたりと、日頃の疲れをゆっくり癒やしてみませんか？

44.
Healing & Beauty

Choco Busy Nail

초코비지네일
チョコビジーネイル

| MAP/ P151-C2 |　**BEAUTY**　|

キュートからクールまで。釜山でネイルを楽しみたいならここ！

　釜山で15年にわたり人気ネイルショップとして愛されているChoco Busy Nail。ネイルの多彩なカラーやデザイン、技術の高さは確かなものなので満足のいく仕上がりになること間違いなしです。さらにネイルだけでなく、アイラッシュやワックス、マッサージ、アートメイクなどさまざまな施術メニューがあります。外国人観光客の利用も多く、英語または日本語に対応できるスタッフもいるので安心です。

1. 基本のワンカラーからラインストーンまで豊富なデザインを選べる。**2.** ハンドは₩4万5000～、フットは₩5万3000～。予約なしでも施術可能。**3.** 2000色以上ともいわれるカラーとクオリティーの高い素材が揃う。**4.** 海雲台ビーチより徒歩5分ほどの場所にある。

DATA

🏠 부산광역시 해운대구 중동1로37번길 9 (9, Jungdong 1-ro 37beon-gil, Haeundae-gu, Busan, Republic of Korea 48095)　☎ 051-746-7974　休 なし　⏰ 9:30～22:00(日は10:10～22:00)　C 可
📷 @chocobusynail

45.
Healing & Beauty

HTヒーリングタッチケア 西面店

HT힐링터치케어 서면점
エイチティーヒーリングタッチケア ソミョンチョム

| MAP/P148-A3 |　　**BEAUTY**　　|

心地よいマッサージが疲れを癒やしてくれる

　旅行中は普段よりも歩いたりと活動量が多くなりがちですよね。そんな体の疲れを癒やしてくれるヒーリングマッサージ店が西面にあります。

　HTヒーリングタッチケアでは基本のフットマッサージから、じっくりと全身をくまなくケアするフルコースまであり、好みで選べます。海雲台にも店舗がありますが、西面店は2024年の春にオープンしたばかりで、室内の内装も設備も最新。スタッフも親切です。

1.フットマッサージは₩5万〜、全身マッサージは₩7万〜、フルコースは₩13万〜。日本語表記のメニューあり。**2.**各コースともまずはフットバスからスタート。**3.**ヒーリング音楽が流れる中、ゆったりとマッサージを受けられる。**4.**西面中心部のビルの11階にある。明るく清潔感のある店内。

DATA

🏠 부산광역시 부산진구 서면로 47 11층 (11 th Floor, 47 Seomyeon-ro, Busanjin-gu, Busan, 47287)
📞 0507-1429-2624　休 無休　🕐 11:00〜21:00　C 可
📷 @ht_2_seomyeon

46.
Healing & Beauty

新世界百貨店
SPA LAND
신세계 스파랜드
シンセゲ スパランド

| MAP/ P150-B1 |　　SPA　　|

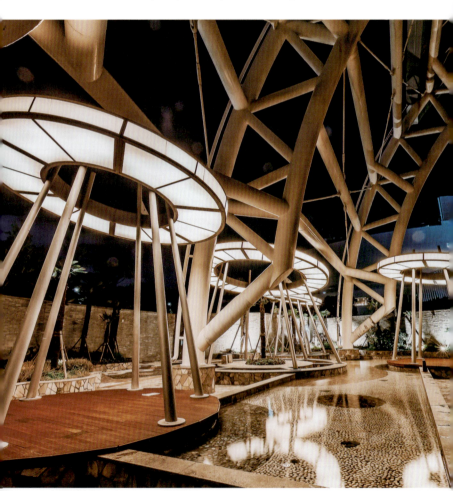

人気の足湯コーナーは屋外にあり、解放的なひとときを楽しめる。旅の疲れを癒やしたい方にもおすすめ。

新世界百貨店センタムシティー店内にあるオアシス

　日本のスーパー銭湯に近い、スパ&サウナ施設がこちら。海雲台の新世界百貨店センタムシティー店にあります。2400坪という広さで、天然温泉水を使用した18のお風呂、13種類のサウナ(ジンジルスパ)を存分に楽しめます。スパ以外の館内では、専用の服を着て休憩ゾーンでまったりしてもよし、レストランやセルフのラーメンバーでお腹を満たしてもよし、過ごし方は自由自在。地元民のように燻製たまごとシッケ(甘米汁)を味わいながら、のんびり過ごしてみては？マッサージ店も併設しているので「旅行疲れを吹き飛ばしたい！」という方にもおすすめ。

1.ピラミッドの中をモチーフにした「ピラミッドルーム」。 2.リクライニングチェアでくつろげる空間。3.セルフでラーメンが作れるコーナー「ラバン」。4.本格的な海鮮ラーメン。

DATA

부산광역시 해운대구 센텀남대로 35 신세계백화점센텀시티점 (35, Centum nam-daero, Haeundae-gu, Busan, 48058)　1668-2850　要確認　9:00〜22:00／8:00〜23:00(7〜8月)　可
@spaland.official

47.
Healing & Beauty

シムスパ
쉼스파
シムスパ

| MAP/ P150-B1 | **BEAUTY** |

たまった疲れをとり、じっくり休息したい方におすすめ

新世界百貨店のスパランド2階にあるエステ。「休息」という意味の「シム(쉼)」をコンセプトに、各種マッサージや頭皮ケアなど、多彩なメニューを揃えているのが魅力。頭皮ケアや、フェイス、フットケアもあるので、どこをケアしてもらうか迷ってしまうかも。オイルやホットストーンを使用したトリートメントも人気です。スパランドの利用客は施設滞在の2時間延長が可能。旅行がてらエステも満喫してみませんか？

1. フット&レッグケア(60分)を施術中の男女。歩きすぎでむくんだ足をリフレッシュ。**2.** 居心地のよい施術ルーム。**3.** スパランド2階にあるフロント。

DATA

🏠 부산광역시 해운대구 센텀남대로 35 신세계백화점센텀시티점 스파랜드 2층 (35, Centum nam-daero, Haeundae-gu, Busan, 48058)　📞 051-745-2921　🛌 要確認　🕙 10:00～21:00　💳 可
📷 @shimspa_centum

48.
Healing & Beauty

HILL SPA

힐스파
ヒルスパ

| MAP/ P151-C2 |　　SPA　　|

オーシャンビューを満喫できる！月見通りの絶景スパ

　桜や紅葉の名所として有名な月見通りにあるスパがこちら。海雲台の高台にあり、館内や屋上から一望できる広大な海は見ものです。24時間営業のため、いつでも利用できます。ただしジンジルバン（休憩場所）は滞在できる時間が基本10時間まで。サウナのみを利用する場合は基本3時間です。また、スパは6:00〜24:00で利用できます。夜遅くに訪れる場合は、入浴可能な時間を覚えておくとよいでしょう。

1. 桜の時期には季節の趣が感じられる。周辺を散策してから訪問するのもおすすめ。**2.** 浴場からも広大な海が一望できる。**3.** 5階の屋外足湯から望むオーシャンビュー（足湯の利用には入浴剤の購入が必要）。

DATA

🏠 부산광역시 해운대구 달맞이길117번길 11 (11, Dalmaji-gil 117beon-gil, Haeundae-gu, Busan, 48117)
📞 051-913-5700　休 なし　営 24時間営業　C 可
📷 @hillspa.official

ヒーリング＆ビューティー

Column.9

魅力がたくさん！おすすめショートトリップ

滞在中に余裕があれば、釜山から足を延ばして地方に行ってみてはいかがですか？
釜山からは古都・慶州（キョンジュ）や第3の都市・大邱（テグ）、
そして釜山郊外の巨済島（コジェド）といった見どころがあります。

慶州　경주／キョンジュ

　言わずと知れた韓国を代表する古都で、釜山からは高速鉄道のKTXで約1時間のアクセスです。新羅時代には都が置かれた地でもあり、世界遺産の仏国寺や慶州瞻星台をはじめ、石窟庵や天馬塚古墳公園など、現在でも多くの歴史的建造物が点在しています。また、慶州市の東側には新しく観光開発された地域もあり、コンドミニアムやウオーターパーク、ゴルフ場といった施設が集まります。そして、何よりも春は桜、秋は紅葉といった四季折々の風景を楽しめることも慶州の魅力でしょう。

仏国寺
불국사／プルグッサ

DATA　▶ MAP/P149-B1

🏠 경상북도 경주시 불국로 385 (385, Bulguk-ro, Gyeongju-si, Gyeongsangbuk-do, 38127)
☎ 054-746-9913(代)　休 なし　⏰ 9:00～18:00
📷 なし　🚇 KTX新慶州(Singyeongju)駅よりタクシーで30分、慶州市外バスターミナルより10番または11番のバスで35分

慶州瞻星台
경주첨성대／キョンジュチョムソンデ

DATA　▶ MAP/P149-B1

🏠 경상북도 경주시 첨성로 140-25 (140-25, Cheomseong-ro, Gyeongju-si, Gyeongsangbuk-do, 38170)
⏰ 9:00～22:00　📷 なし　🚇 KTX新慶州(Singyeongju)駅よりタクシーで18分、または50、51、710番のバスで40分、慶州市外バスターミナルより10番または11番のバスで20分

大邱 대구／テグ

韓国南東部の内陸に位置する大邱市は人口237万人の韓国第3の都市です。日本の成田や関空からLCC便が就航するなど、近年アクセスも便利になっています。釜山からは慶州同様に高速鉄道のKTXで45分。繊維や機械工業が盛んな工業都市としても有名ですが、街中には昔ながらの伝統市場が数多くあるのも特徴で、特に西門（ソムン）市場や韓方薬の薬材専門市場の大邱薬令市は有名です。

西門市場 서문시장／ソムンシジャン

DATA ▶MAP/P149-A1

- 대구광역시 중구 달성로 (Dalseong-ro, Jung-gu, Daegu, 41931)
- 053-256-6341（代）
- 毎月第1、3日曜
- 9:00～18:00
- なし
- KTX東大邱(Dongdaegu)駅下車、東大邱(Dongdaegu)駅より大邱地下鉄1号線に乗車、明徳(Myeongdeok)駅で3号線に乗り換え西門市場(Seomun Market)駅下車すぐ

大邱薬令市 대구약령시／テグヤクリョンシ

DATA ▶MAP/P149-A1

- 대구광역시 중구 남성로 (Dalseong-ro, Jung-gu, Daegu, 41931)
- 053-254-8001（代）
- 日曜、祝祭日
- 9:00～19:00
- なし
- KTX東大邱(Dongdaegu)駅下車、東大邱(Dongdaegu)駅より大邱地下鉄1号線に乗車、中央路(Jungangno)駅下車徒歩5分

巨済島 거제도／コジェド

釜山市南西部にある巨済島は済州島に次ぐ大きさで、釜山から高速バスを利用して約1時間30分です。ビーチ沿いにはペンションやホテル、海鮮料理の店が立ち並んでいます。島の南東部にある「風の丘」はドラマや映画のロケ地としても多く登場するほか、その名の通りいつも風が強いものの、丘の上に立つ風車や眼下に広がる青い海の絶景の美しさには感動することでしょう。

風の丘 바람의 언덕／パラメオンドッ

DATA ▶MAP/P145-C4

- 경상남도 거제시 남부면 갈곶리 산 14-47 (Sang 14-47, Galgot-ri, Nambu-myeon, Geoje-si, Gyeongsangnam-do, 656841)
- 24時間
- 釜山西部バスターミナルより巨済行バスに乗車（約1時間）の後、古県バスターミナルで55番バスに乗り換え約1時間

Busan Hotel

アクセス抜群！ おすすめホテル4選

アクセスもサービスも定評があり、施設面でも快適なホテルを4つ厳選しました。

高級感漂う モダンなリゾートホテル

　海雲台海水浴場が目の前に広がる、5つ星ホテル。徒歩圏に海雲台の観光スポットが集まっているので、気楽に散策できます。ホテルには屋内外プールがあり、リゾート気分も盛り上げてくれるでしょう。

グランド朝鮮釜山

그랜드조선부산／グランドチョソンブサン

DATA　▶ MAP/P151-C2

住 부산광역시 해운대구 해운대해변로 292 (292,Haeundaehaebyeon-ro,Haeundae-gu,Busan,48099)　電 051-922-5000
休 なし　IN 15:00〜、OUT 11:00
料 ₩21万6000〜　C 可

都市ステイを楽しめる日系ホテル

　西面の中心地にある日本の西鉄系列のホテル。24時間日本語に対応したスタッフがいるため、困ったときには日本語で問い合わせが可能です。釜山にいながら、日本にいるようなサービスを受けられるでしょう。

ソラリア西鉄ホテル釜山

솔라리아니시테츠호텔부산／ソラリアニシテツホテルブサン

DATA　▶ MAP/P148-A4

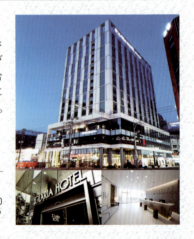

住 부산광역시 부산진구 서면로 20 (20,Seomyeon-ro,Busanjin-gu,Busan,47289)
電 051-802-8586　休 なし　IN 15:00〜、OUT 12:00
料 ₩10万1850(通常価格)〜 ※時期・客室・プランによる
C 可

広大な海水浴場を望む！
オーシャンビューのホテル

　海雲台海水浴場の近くにある4つ星ホテル。2階にロビーがあり、オーシャンビューの客室からは広大な海が望めます。屋上にはループトッププール＆バー（夏季営業）があり、リゾート気分を楽しめます。2階のカフェでは、ランチバイキングも人気です。

新羅ステイ海雲台
신라스테이해운대／シンラステイヘウンデ

DATA ▶MAP/P151-C2

🏠 부산광역시 해운대구 해운대로 570번길 46(46,Haeun-daero 570beon-gil,Haeundae-gu,Busan,48093)
📞 051-912-9000 休 なし IN 15:00～、OUT 11:00 料 ₩11万7600(Standard)～ ※時期・客室・プランによる C可

南浦エリアを満喫！
日本語対応 OK のホテル

　地下鉄1号線の南浦駅から徒歩3分、チャガルチ市場や国際市場などへアクセス抜群のホテル。繁華街にあるため、夜の市場を遅くまで満喫しても、帰り方を心配せずにすみます。買い物メインの旅にもおすすめです。

ホテルフォーレプレミア南浦
호텔포레프리미어 남포／
ホテルフォーレプレミアナンポ

DATA ▶MAP/P146-B3

🏠 부산광역시 중구 구덕로 54-1(54-1,Gudeok-ro,Jung-gu,Busan,48953)
📞 051-242-2200 休 なし IN 15:00～、OUT 11:00 料 ₩32万(Standard Twin)～ ※時期・客室による、割引プランあり C可

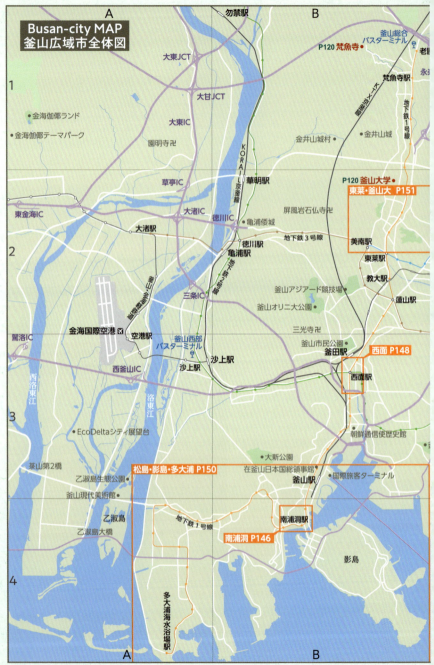

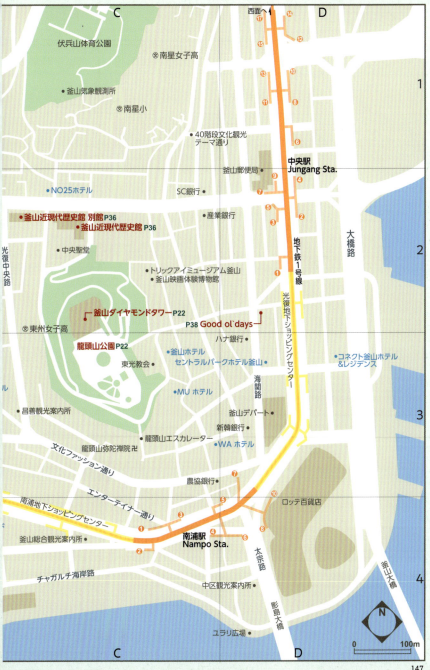

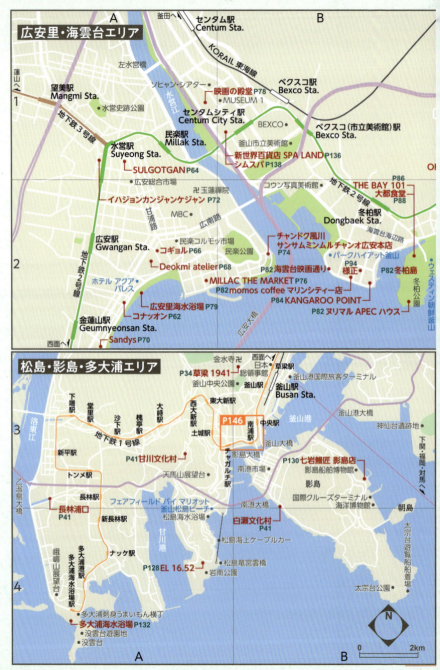

BUSAN TRAIN MAP
釜山都市鉄道路線図
出典:釜山観光公社

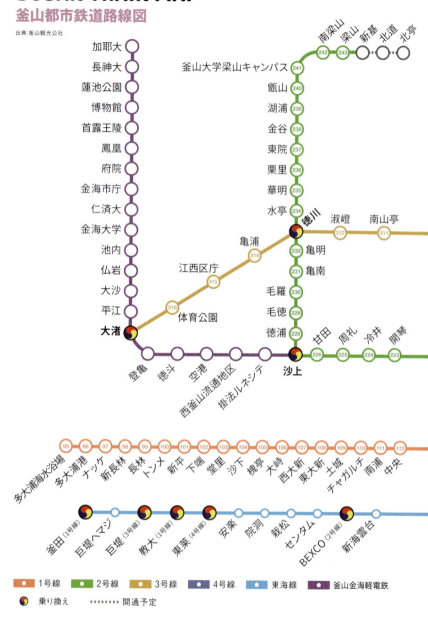

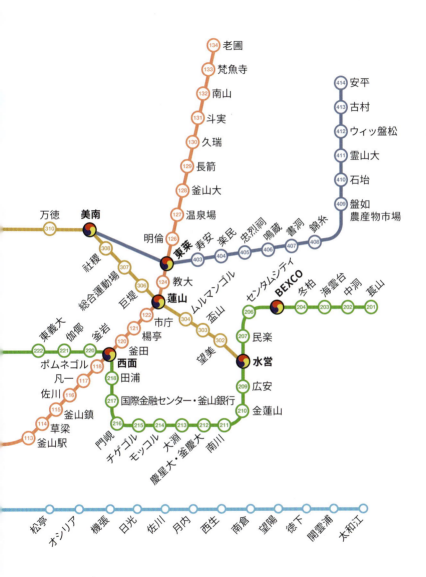

＊乗車の際に便利な交通カード「T-Money」に関してはP8参照。
＊この路線図は実際の路線と異なる場合があります。
＊道路状況、悪天候などの運行状況によって変更する場合があります。

おいしい！カワイイがいっぱい
釜山のおすすめお土産

最近は日本でも食品をはじめさまざまな韓国の商品が手に入るようになりました。それでも、韓国でしか買えない、まさに今、現地で人気という旬なものまで地元釜山っ子たちにも聞いたおすすめのお土産をずばり紹介しちゃいます！

General Goods 雑貨

伝統食器

韓国の食器は銀や金のきらびやかでその多くはステンレス製。市場ではこうした食器を取り扱う店も多く、韓国の生活感や文化を身近に感じることができます。価格も意外に手頃でセットで₩2万5000〜。ただし、デパートなどでは高めの価格設定です。

ご祝儀袋

伝統柄のご祝儀袋はその鮮やかさと優美さが目を引き、人に贈るのはもちろん、額などに入れて飾りお部屋を演出するのもお洒落。大手書店内文具コーナー、ARTBOX、Daisoなどで買えます。1枚₩3000〜。

土鍋（トゥッペギ）

韓国の食卓には欠かせない「トゥッペギ」と呼ばれる土鍋。1人用の小さいサイズのものから大きなものまであり、特に市場では様々なタイプの土鍋が揃います。市場のほか、大型スーパーやデパートの食器売り場などで買えます。₩5000〜。

キッチン用スセミ（タワシ）

ポリエステル製の糸でさまざまな色や形で作られたタワシが「カワイイ」と日本でも注目を集め、お土産として人気。汚れもよく落ちると評判。Daisoでも買えるほか、市場では5枚、10枚でのまとめ買いもできます。1枚₩1000〜。

福ジュモニ

韓国の伝統的なお土産なら福ジュモニ。パステルカラー調でちょっとした小物入れや、プレゼントを入れて渡すのにピッタリ。麻とサテン素材のものが多く、1枚₩3000〜5000。市場の雑貨店、駅や空港内のショップなどで購入できます。

ポジャギ

ポジャギは韓国の伝統パッチワークで、物を包む際に風呂敷のように使われ、鮮やかな色が織りなす美しさに韓国の伝統美が感じられます。市場などで売られ、サイズによって1枚₩5000〜1万ほど。市場の雑貨店、駅や空港内ショップで購入可能。

Sweets & Snack
スイーツ&スナック

HBAF
ハニーバターアーモンド
蜂蜜とバターで香ばしく味付けされたアーモンドは、おやつにもお酒のお供としても相性バッチリ。スーパーのほか、南浦洞には専門店もあります。₩3490〜。

パン部長
ソグムパン
現在、韓国で人気の塩パンをスナックにしたユニークな菓子。クロワッサンの形状で、サクッとした食感がおすすめです。₩1360〜。

Bibigo
キムブガクチップ
ブガクとは海苔（キム）を米粉でまぶして炙り、揚げたもの。スナック感覚で食べられる菓子として韓国では人気。各食品メーカーから発売されています。右はオリジナル、左はポテト味。各₩2980〜。

ミニ薬菓
韓国の伝統菓子「薬菓」を食べやすいひと口サイズにアレンジ。蜂蜜やシナモンの甘さはお茶菓子にもピッタリ。₩8170〜。

Market O ブラウニー
濃厚な味わいがたまらない本格スイーツ。Market Oシリーズの菓子はブラウニーを中心にクオリティーが高く人気です。12個入り₩4800〜。

チャムプンオパン
韓国では屋台のスイーツとして親しまれている「プンオパン（鯛焼き）」がお菓子として登場。かわいらしい魚の形のケーキの中身は、小豆チョコレートとモチが入っていてしっとりとした甘さ。バラマキ用のお土産にもおすすめです。8個入り₩4320〜。

万能ソース各種

　食品会社各社より「万能ソース」が販売され、Z世代を中心に人気です。インスタント麺のビビン麺のソースがベースになっているので甘酸っぱい味で、麺料理はもちろん、ビビンパや、炒め物に使ってもOK。各300g ₩5200〜。

ミスッカル

　米や麦、豆を蒸したり、炒めたものを粉状にして混ぜ合わせた韓国の伝統的な食品です。これを水やお湯、牛乳などで溶いて飲みます。好みによって、砂糖や蜂蜜で甘みをアレンジしてもOK。スッキリした味わいで栄養豊富なので、韓国では朝食代わりに飲む人も。こちらは1袋ずつのスティックタイプですが、デパ地下では量り売りをしているところもあります。40本入り₩1万1500〜。

料理用出汁
（タブレットタイプ）

　料理にあとひと味ほしいときの味方がこちらの出汁。タブレットタイプのため使いやすいうえ、野菜や魚介、肉の旨みが凝縮されコクの深い味わいになります。うどんや鍋物、煮物、炊き込みご飯など幅広いアレンジができるのでオススメ。左は野菜ベース、右はニボシ・昆布ベース　各80g ₩7900〜。

柚子茶

　香りよくさっぱりした味わいは韓国土産の定番です。瓶タイプのものは重いですが、ポーションタイプなので持ち帰りにも便利。1回ごとに飲み切れます。12個入り₩5980〜。

サムジャン

　サムギョプサルなど焼き肉には欠かせないサムジャン。肉との相性はとにかく抜群で、ひと口食べるとやみつきになること間違いなしです。肉だけでなく、ご飯にサムジャンをのせ、サンチュで巻いて食べるサムパッや、料理の味付けにも使える頼もしい存在。容量も少量から大容量まであります。170g ₩2560〜。

ヤンニョムチキンソース

日本でもすっかりおなじみになったヤンニョムチキン。このソースで家でもヤンニョムチキンが楽しめます。トマトケチャップをベースに、唐辛子とニンニクのインパクトが加えられた甘辛味に仕上がっています。490ｇ ₩3280〜。

チゲの素（テンジャンチゲ、スンドゥブチゲ、プデチゲ）

チゲ料理が家でも簡単にできる！ テンジャンチゲをはじめ、スンドゥブチゲやプデチゲといったラインアップ。それぞれ豆腐や好きな野菜を入れてアレンジしてみては。各150ｇ ₩2280〜。

お粥（パウチ）

韓国にはお粥専門店も多く、メニューも豊富です。最近ではパウチタイプのものもあり、温めるだけで簡単に食べられます。アワビ参鶏粥、野菜など複数の味があります。右・アワビ参鶏粥 420ｇ ₩4990〜、左・野菜粥 420ｇ ₩4990〜。

キムジャバン

韓国海苔の人気はさることながら、韓国海苔をフレーク状のふりかけにしたキムジャバンも人気を集めています。ご飯にかけて食べたり、おにぎりやチャーハンにも使えたりと何かと便利で、ご飯が進むアイテム。左はうどんやラーメン、汁物に。50ｇ ₩2490〜。右はアワビ醤油の味 50ｇ ₩5990〜。

ジッポ／ファンテチェ

ジッポは「カワハギ」、ファンテは「スケトウダラ」。ジッポはフライパンで炙って食べたり、コチュジャンやマヨネーズを和えておつまみやおかずの一品に。また、ファンテは「プゴク（干しダラのスープ）」に。右・ジッポ 200ｇ ₩7740〜、左・ファンテチェ 200ｇ ₩1万5800〜。

あとがき

　本書は、現地在住ライターが独自の視点で釜山の魅力をお伝えする旅行ガイドです。出版社の方からオファーをいただいたとき、「果たして釜山の何を伝えられるだろうか？」と悩んだのが昨日のことのようです。釜山在住のライター仲間、原美和子さんに相談したところ、共著で出版する運びとなりました。

　本書のコンセプトはタイトルの通り「近くて美味しい釜山」です。手軽に行ける近場の海外で、グルメ、ショッピング、アクティビティーなどを通して、読者の皆様に「美味しいとこどりをして欲しい」という想いを込めています。

　釜山は、日本の成田空港から飛行機で2時間15分程度、関西国際空港からは1時間半と近いのが魅力です。金曜日の放課後や会社帰りに空港へ直行し、そのまま渡航して週末で釜山を旅することも可能です。そして、首都ソウルに比べると釜山は観光名所がまとまっており、交通の便もよいので回りやすいのもメリット。釜山はまさに、学校や会社を休まずに楽しめる、プチ海外旅行にぴったりの都市です。

　本書では、観光客に限らず地元で人気のある場所をメインに紹介しています。当初は施設選びに苦戦しました。写真を多く載せた160ページの一冊は、釜山のすべてを盛り込むには足りなかったからです。

そこで、短期間でも釜山を満喫したい方に向けて、情報を絞り込むことにしました。釜山旅行に慣れた方にも「こんなお店があったのか」と感じていただけるよう、在住者視点でリアルな釜山を紹介しています。施設やスポットを厳選し、それぞれの魅力が伝わるように作り込むことにしたのです。

　掲載施設への取材を始めて数カ月。幸いなことに、私たちのプロジェクトに興味をもってくださった担当者様、施設のオーナー様のおかげで、遅れなく進めることができました。時間を惜しまずに応対してくださった、釜山の皆様に感謝いたします。

　読者の皆様、ここまで読み進めてくださり、誠にありがとうございます。ぜひ本書を携えて釜山へいらしてください。本書では、写真が映えるお洒落なカフェやスポットにも触れていますので、実際に訪れて写真を撮り、とっておきの釜山を感じてみてはいかがでしょうか？　私のブログでも釜山の現地情報を発信していますので、参照ください。

　最後に、出版の機会を下さった出版社の方々、影山伴巳さん、高田正基さん、原美和子さん、ほか、制作にご尽力いただいたすべての方に感謝の言葉を伝えさせてください。本当にどうもありがとうございました。

今井ゆか
https://www.manajunma.com/

今井ゆか | Yuka Imai

韓国釜山市在住のライター・韓日翻訳家。大学時代より海外や異文化に興味を持つ。韓国人と結婚し、韓国企業の東京支社に勤務したが、夫の仕事の都合で2011年より韓国に移住する。現地より韓国芸能・グルメ・地域情報・韓国語学習などについて、ブログやWebメディアで発信している。
ブログURL:https://www.manajunma.com/

原美和子 | Miwako Hara

千葉県出身。2002年より韓国在住。学生時代よりアジアに興味を持ち、大学卒業後韓国系企業に勤務、韓国に移住後はライターとして活動。韓国の時事問題、政治、経済、教育や芸能、美容、グルメ、旅行に至るまで幅広い分野で多くの執筆を手がけ、現地のリアルな実態、声を伝えるよう記事執筆を行っている。

デザイン	高田正基、栗山早紀
	(株式会社VALIUM DESIGN MARKET)
地　　　図	庄司英雄
校　　　閲	聚珍社
写 真 協 力	韓国観光公社
表 紙 写 真	水月鏡花(撮影:チェ・チョンギ)
Special Thanks	馬場健治(株式会社シーアール)

現地在住日本人ライターが案内する
近くて美味しい釜山
第1刷　2024年10月28日

著者　今井ゆか／原美和子

発　行　者　奥山 卓

発　　　行　株式会社東京ニュース通信社
　　　　　　〒104-6224 東京都中央区晴海1-18-12
　　　　　　電話 03-6367-8023

発　　　売　株式会社講談社
　　　　　　〒112-8001 東京都文京区音羽2-12-21
　　　　　　電話 03-5395-3606

印刷・製本　株式会社シナノ

落丁本、乱丁本、内容に関するお問い合わせは発行元の東京ニュース通信社までお願いします。小社の出版物の写真、記事、文章、図版などを無断で複写、転載することを禁じます。また、出版物の一部あるいは全部を、写真撮影やスキャンなどを行い、許可・許諾なくブログ、SNSなどに公開または配信する行為は、著作権、肖像権などの侵害になりますので、ご注意ください。

© Yuka Imai/Miwako Hara 2024 Printed in Japan
ISBN 978-4-06-537519-8